Rikolliset

JENGIT

katujengit

Rikolliset
JENGIT
katujengit

Rikolliset JENGIT katujengit

Kustantaja: BoD – Books on Demand, Helsinki, Suomi
Valmistaja: BoD – Books on Demand, Norderstedt, Saksa
ISBN: 978-952-80-3603-6

ESIPUHE

Katujengit eivät ilmesty tyhjästä, vaan ne tarvitsevat aikaa kasvaa. Ulkomailta tullut katujengi tarvitsee aikaa etsiäkseen sopivat kumppanit uudesta maasta.

Katujengit tarvitsevat ja ottavat jenginsä jäsenet kaduilta. Katujengi perustaa päämajansa tiettyyn lähiöön, ja alkaa heti rekrytoida lapsia ja nuori jengin jäseniksi.

Katujengienkin tulevaisuus asuu nimenomaan lapsissa ja nuorissa; heistä saa uusia johtojäseniä siksi aikaa, kun todelliset jäsenet istuvat tuomiotaan. Lapset ja nuoret toteuttavat mielellään vangittujen jengijohtajien käskyjä, varsinkin, kun palkkioksi on luvassa nousu jengin rankingistalla.

Lasten ja nuorten viattomat jengit saattavat olla peite rikolliselle toiminnalle. Ei ole epätavallista, että jo 15-vuotiaat kuuluvat katujengien johtoryhmään; tätä nähdään kaikkialla maailmassa.

Katujengin hiljaisuuskoodi edellyttää sisilialaiselta mafialta matkittua käytöstä: älä puhu katujengistä.

Hyvin etabloituneesta katujengistä on lähes mahdotonta päästä eroon. Rikollisten katujengien kanssa on opittava elämään.

LUKIJALLE

Rikollisia katujengejä löytyy kaikkialta maailmasta.
Jokainen katujengi on erilainen, myös samassa kaupungissa
toimivat katujengit ovat erilaisia.

Katujengimääritelmään kuuluu kuitenkin muutamia yhdistäviä
piirteitä, joiden täytyy olla olemassa, jotta ryhmä voidaan määritellä
rikolliseksi katujengiksi.

Katujengillä on nimi ja symbolit.
Katujengillä on oma alue, jota puolustetaan.
Katujengillä on organisaatio, pysyviä jäseniä ja johto.
Katujengin toiminta perustuu rikollisuuteen ja rikosten tekemiseen.

Tämä kirja esittelee maailman tunnetuimpia katujengejä.

Kirjassa avataan katujengien symbolimaailmaa, jengimusiikkia,
väkivaltaa ja rikollisuutta.

Katujengejä on kaikkialla maailmassa
Ja ne ovat tulleet jäädäkseen.

SISÄLLYS

JENGIKEHITYS

Rikollisuuden suhteen köyhyys ja osattomuus herättää pohdintaa; onko rikokseen syyllistyminen yleisempää pienituloisissa perheissä - ja miten se näkyy esimerkiksi vankiloissa?

Usein rikollisuuden syitä on selitetty pelkästään osattomuudella ja köyhyydellä. Nykyään on kuitenkin jouduttu myöntämään, että syy-yhteys köyhyyden ja rikollisuuden välillä on suhteellisen heikko.

Sen sijaan tutkimukset näyttäisivät osoittavan, että köyhyyttä suuremmat riskitekijät ovat huonot välit vanhempiin, heikko itsehillintä, rikollisuuden ihannointi, rikolliset kaverit ja kouluongelmat.

Jos köyhyys olisi tärkein rikollisuutta selittävä tekijä, vankiloissa istuvien pitäisi olla suurimmaksi osaksi köyhistä lähtökohdista olevia ihmisiä. Näin ei kuitenkaan ole.

> Köyhät ja köyhimmät ihmiset
> eivät muodosta suurinta osaa
> vankilassa istuvista rikollisista.

Vaikuttaa myös siltä, että teinejä ei tarvitse painostaa liittymään jengeihin, vaan jengeihin suorastaan hakeudutaan. Nuoret haluavat kuulua jengeihin, koska jengit ovat hauskanpidon *hubeja*, keskuksia.

Jengit tarjoavat nuorille juhlia ja ajankulua, päihteitä ja partnereita.
Lisäksi jengin jäsenet nousevat sosiaalisessa arvoasteikossa.
Rikollisten katujengien jäseniä ihaillaan ja kadehditaan.

> Lähes jokainen maailman
> vaarallisimmista rikollisjengeistä
> on saanut alkunsa teinikaverijengistä.

Varhaisteinien viattomia ryhmittymiä ei pidä aliarvioida.

KATUJENGEJÄ MAAILMALTA

Tässä luvussa esitellään muutamia
maailman pahamaineisimmista
rikollisista katujengeistä.

RIKOLLISET KAUTUJENGIT RIKOLLISET KAUTUJENGIT RIKOLLISET KAUTUJENGIT RIKOLLISET KAUTUJENGIT RIKOLLISET KAUTUJENGIT

PITKÄIKÄISIÄ KATUJENGEJÄ

Rikolliset katujengit eivät ole ohimenevä
tai paikallinen ilmiö.
Katujengejä löytyy kaikkialta maailmasta,
eivätkä ne ole lähdössä minnekään.

Tässä muutama esimerkki maailman vanhimmista,
yhä edelleen toimivista katujengeistä.
Mukana katujengin nimi, perustamisvuosi ja
perustamispaikka.

'Ndrangheta, 1800-luku
Calabria, Italia

Numbers Gang, 1900-luvun alku
Westville, KwaZulu-Natal, Etelä-Afrikka

Latin Kings,1954
Humboldt Park, Chicago, Illinois, USA

Maniac Latin Disciples,1966
Chicago, Illinois, USA

Aryan Brotherhood,1964
San Quentin vankila, Kalifornia, USA

Crips, 1969
Los Angeles, Kalifornia, USA

Mara Salvatrucha, MS-13,1980-luku
Pico-Union, Los Angeles, Kalifornia, USA

FOLK NATION JA PEOPLE NATION

Folk Nation ja *People Nation* jengiyhteenliittymät perustettiin 1970-luvulla. Liittoumien tavoitteena oli vankiloiden turvallisuuden lisääminen.

Liittoumat toimivat aktiivisesti vain vankiloissa.

Kadulla samaan vankilaliittoumaan kuuluvat katujengit voivat olla sodassa keskenään. Vankilaan joutuessaan, samaan vankilaliittoumaan kuuluvat, sodassa olevat jengijäsenet, solmivat rauhan.

Vankilassa katujengikuuluvuus siirretään sivuun ja vankilassa kuulutaan vain jompaan kumpaan liittoumaan; Folk Nationiin tai People Nationiin.

Vapauduttuaan vankilasta samaan vankilaliittoumaan kuuluneet jengiläiset voivat taas jatkaa keskeytynyttä katujengisotaansa.

Vankilaliittoumien toimintaa on selitetty urheilusta tutuilla termeillä:

Baseball:
National League ja *American League*
NHL jääkiekko:
Itäinen konferenssi ja *Läntinen konferenssi*

Folk Nationin jäsenet käyttävät tatuoinneissaan ja graffiteissaan Daavidin tähteä, numeroa 6, roomalaista numeroa VI ja noppaa, jonka pisteluku on kuusi.

People Nationin tatuoinneissa käytetään 3D pyramidia, viisisakaraista kruunua ja viisisakaraista tähteä.

BLOODS

Kotipaikka: South Central, Los Angeles, Kalifornia, USA
Perustettu: vuonna 1972
Perustaja: Bloods on monen pienen jengin yhteenliittymä
Väri: punainen
Symbolit: viisisakarainen kruunu ja viisisakarainen tähti
Jäseniä: 30 000 kautta maailman

o o

Bloods on pääasiallisesti Afrikan amerikkalaisista miehistä koostuva jengi. Bloods perustettiin yhdistämällä pienempiä jengejä, koska haluttiin suojautua suurta ja väkivaltaista Crips –jengiä vastaan. Siitä asti Bloodsit ja Cripsit ovat olleet verivihollisia.

Bloods-jengin periaatteisiin kuuluu, että jengin arvojen puolesta on taisteltava, eikä yksikään bloodsilainen ei ole parempi kuin toinen. Jokainen jengijäsen on sotilas, jonka kuuluu sotia Bloodsin puolesta aina ja kaikkialla.

B-L-O-O-D tarkoittaa:
Blood Love Overcomes Oppression Destruction
Veri Rakkaus Voittaa Sorron Tuhon

Bloods-jengi toimii löyhän organisaation tavoin.
Eri osastot, *hoodit,* toimivat itsenäisesti.
Bloodsin jäsenillä on oma slanginsa; he tervehtivät toisiaan sanalla
"blood" tai *"b-dogs".*
Bloodsilaiset viestivät monimutkaisilla käsimerkeillä.
Blood-jengi on myös kehittänyt oman, erityisen kävelytyylinsä: *Blood Walk.*

Bloods katujengin kruunu- ja tähtisymbolin viisi sakaraa tarkoittaa:
soul (sielu), *body* (keho), *unity* (yhteys), *lust* (himo), *love* (rakkaus).

Slogan:
Blood, it ain't easy but it sure is fun.
Bloodilaisuus ei ole helppoa, mutta se on taatusti hauskaa.

BLOODS

Räppäri Tupac Shakur (2Pac) yhdistettiin elinaikanaan Bloodseihin.

Myös artisti Cardi B on yhdistetty Bloodseihin sen jälkeen, kun hän vuonna 2017 twiittasi: *"been a big time Blood since I was 16"*, olen ollut kovan luokan Blood 16-vuotiaasta asti.

Bloodilla on koodisto, jonka avulla jengi hämää poliisia. Koodin nimi on 200 Deep, eli 200 Syvää. Koodistossa tietyt ilmaisut on korvattu numeroilla:
555 Tarvitsen aseen tai terän.
109 Vasikka.
187 Tappaa tai murhata.
050 Ole varuillasi.

Sodassa Bloods käyttää ruskeaa ja vihreää väriä hämätäkseen vihollista.

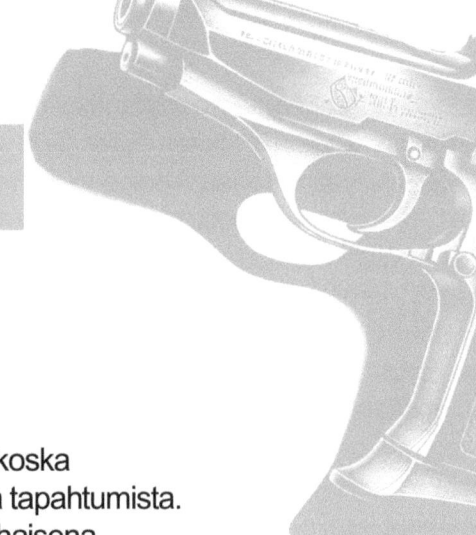

Bloodeilla on omat sotatilasääntönsä:

Kuuntele, ennen kuin puhut.
Katso, ennen kuin kävelet.
Huomioi, ennen kuin seuraat.
Ylemmän käskyjä on aina toteltava, koska ylemmillä johtajilla on enemmän tietoa tapahtumista.
Älä koskaan tee tärkeitä päätöksiä vihaisena, harkitsemattomuus saa ihmisen juoksemaan päin tiiliseinää.
Aika rationalisoi teot.
Kipu on sotilaalle etuoikeus. Kipu ja kivun käsittely ovat taistelijan mittoja. Jotta voi tuntea voiton, on ensin tunnettava häviö.
Vihollisille aiheutettujen haavojen tulee olla niin pahoja, että haavat saavat vihollisen unohtamaan kostoaikeet.
Älä koskaan anna vihollisen elää keskuudessasi, koska jonain päivänä vihollinen nousee ja joudut maksamaan virheestäsi.
Ole kettu, jotta tunnistat ansan,
Ole leijona, jotta voit uhmata vihollista ja taistella vihollista vastaan.
Paras puolustus on usein hyvä hyökkäys.
Sodan suurin synti on tietämättömyys.
Sodassa ei ole tilaa diplomatialle, sota on säälimätöntä.

CRIPS

Kotipaikka: South Central, Los Angeles, Kalifornia, USA
Perustettu: joskus 1960-luvulla
Perustajat: Raymond Lee Washington ja Stanley Tookie Williams
Värit: sininen
Symbolit: numero 6, pirun hiilihanko, kuusisakarainen tähti, sakarat merkitsevät: elämä, uskollisuus, rakkaus, tieto, viisaus ja ymmärrys
Jäseniä: 40 000 maailmanlaajuisesti

o o

Cripsin alkuperätarinaa on romantisoitu ja siitä kerrotaan useita versioita.
Yleisimmän version mukaan *East Side Cripsin* Raymond Lee Washington ja *West Side Cripsin* Stanley Tookie Williams yhdistävät kaksi jengiään.
Vasta 16-vuotiaiden poikien tarkoituksena oli muodostaa organisaatio, joka torjuisi jengiväkivaltaa heidän omalla asuinalueellaan.
Cripsistä kehittyi kuitenkin nopeasti rikollisuuteen erikoistunut katujengi. Nykyään Crips on yksi vaikutusvaltaisimmista, Afrikan amerikkalaisista katujengeistä, joka toimii yli 40:ssä USA:n osavaltiossa.
Crips on laajentunut Eurooppaan, erityisesti Espanjaan.

Cripsin organisaatio on löyhä. Yhteisen johdon ja sääntöjen puute on aiheuttanut sen, että Cripsiä tunnustava jengi on voinut käydä jengisotaa toista, Cripsiä tunnustavaa jengiä vastaan. Pahimmillaan *Crip vs. Crip* sodat ovat olleet verisempiä kuin sota verivihollista, Bloodsia vastaan.

Cripsin uskollisuuden vala kuuluu näin:
"If we all don't go down, then we don't go down."
Jos me kaikki emme kaadu, silloin emme kaadu.

Cripsin säännön mukaan, aina kun cripsiläinen kirjoittaa sanan, joka sisältää kirjaimen B, kirjaimen yli pitää vetää poikkiviiva.

Cripsin säännöissä todetaan ykskantaan:
"C-life, for life, or no life, Cuzz!"
Jengin jäsenyys on ikuista - Cripsin jäsenyyden voi jättää vain kuolemalla.

CRIPS

Cripsiläiset tervehtivät toisiaan sanoilla:
"What's up Cuzz?" tai *"What the "C-life like?"*
Cuzz viittaa sanaan *cousin*, serkku.

Kaikki cripsiläiset ovat toisilleen *cuzzeja*.
Cripstervehdystä saa käyttää vain, jos on ensin varmistanut, että tervehdittävä on cripsiläinen. Tunnistaminen tehdään huomaamalla, onko toisella henkilöllä esillä Crips-asuun kuuluva symboli, kuten sininen bandana.
Bandanan julkinen esillä pitäminen on *"flag"*, eli liputtamista.

Cripseillä ei ole omaa lippua, silti jokaisen cripsiläisen pitää tuntea lipun värit ja värien merkityksen:
sininen (sotilas)
musta (gangsta),
harmaa (folk)
lila (sota)
vihreä (raha)

Cripseillä on oma kävelytyylinsä nimeltään
Crip Walk, C-Walk.
Vuonna 2022 räppäri Snoop Dogg, jolla on Crips-yhteyksiä, sisällytti C-Walkia esitykseensä Super Bowlin puoliajalla. Tennispelaaja Serena Williams esitteli C-Walk osaamistaan voittaessaan Maria Sharapovan Wimbledonissa vuonna 2012. Räppäri Ice-T tunnustaa sinistä Crips-väriä.

Slogan:
"Crip means Crazy Ruthless Insane People.",
Crip tarkoittaa hulluja, armottomia, mielipuolisia ihmisiä.

Crips arvoitus:
Miksi taivas on sininen?
Vastaus: Koska kaikki Cripsit pääsevät taivaaseen.

ÑETAS

Kotipaikka: Puerto Ricon vankilajärjestelmä
Perustettu: vuonna 1979
Perustaja: Carlos "La Sombra" (varjo) Torres Irriarte
Värit: sininen, valkoinen, punainen
Symbolit: Puerto Ricon lippu, kolme sydäntä
Jäseniä: 35 000 maailmanlaajuisesti

o o

Sana *ñeta* tarkoittaa iloa ja uutta syntymää. Sana on peräisin kadonneelta karibialaiselta alkuperäiskansalta nimeltään *taino*.

Asociación ÑETA Asociación Pro-Derechos del Confinado perustettiin puertoricolaisessa vankilassa vuonna 1979.
Perustaja Carlos Torres Irriarte korosti, että Ñetasin tarkoitus oli pelkästään valvoa vankien oikeuksia ja suojella vankeja vartijoiden väärinkäytöksiltä. Neljässä vuodessa Ñetasista kehittyi Puerto Ricon vankiloita hallitseva, äärimmäisen väkivaltainen rikollisjengi.

Maaliskuun 30. päivänä vuonna 1981 Ñetasin kilpaileva vankilajengi, *Grupo 27*, lahjoi vanginvartijat.
Lahjotut vartijat katselivat muualle, kun Grupo 27 murhasi ñetasperustajan Carlos Torres Irriarten.
Johtajansa murhan jälkeen Ñetat aloittivat mellakoinnin ja ottivat vankilan haltuunsa.
Mellakoinnin aikana Ñetasit kostivat johtajansa murhan tappamalla ja paloittelemalla Grupo 27 johtajan.

Ñetas on hierarkkinen ja hyvin organisoitu katujengi, jonka toimintaa on verrattu osakeyhtiöön.
Rikollisjengillä on presidentti, rahastonhoitaja, kurinpitäjä ja koordinaattori.

Ñetasin johtajat valitaan vaaleilla.
Äänioikeuden saavat jengin jäsenet,
jotka ovat investoineet Ñetasin toimintaan
myymällä huumeita tai murhaamalla.

ÑETAS

Ñetasit ovat sotureita, joilla on kolme sydäntä:
Ensimmäinen sydän
tuntee tuskaa veljien puolesta.
Toinen sydän
auttaa veljiä hädässä.
Kolmas sydän
antaa oikeuden taistella, uhmata vihollista ja vuodattaa verta.

Nykyään Ñetas väittää tavoittelevansa rauhan ja kunnioituksen tilaa. Sanojensa mukaan jengi tukee entisiä vankeja, jotta he voisivat elää myönteistä ja laillista elämää. Ñetas on kuitenkin äärimmäisen vaarallinen rikollinen katujengi.

Joka vuosi maaliskuun 30. päivänä Ñetat viettävät jengin perustajan, marttyyriksi korotetun Carlos Torres Irriarten muistopäivää.

Ñetas katujengin jäsenet tatuoivat sanan Ñeta kehoonsa. Ñetastatuointeihin kuuluu myös musta sydän, jonka keskellä on kirjain Ñ. Ñetas pitää ranteen ympärille sidottua nauhaa, jossa on Puerto Ricon lipun värit: punainen, sininen ja valkoinen. Jengin jäsenet käyttävät toisistaan nimitystä *hermanitos* ja *hermanitas*, veljet ja sisaret.

Slogan: *100 % de corazon,* 100 % sydäntä.
Kyseessä on idiomi: *"käsi sydämellä"*.
Sanonta viittaa rehellisyyteen.

Ñetas helminauhaan kuuluu pujotta helmiä seuraavalla tavalla:
78 valkoista helmeä: Puerto Ricon 78 kaupunkia.
7 mustaa helmeä: Puerto Ricon vankilat, keskimmäinen helmi symboloi jengin murhattua johtajaa, Carlos Torres Irriartea.
Yksittäinen punainen helmi symboloi verta, jota on vuodatettu ja verta, jota tullaan vuodattamaan.
Yksittäinen valkoinen helmi: elämää rauhassa ja sopusoinnussa.
Yksittäinen vihreä helmi: toivoa.

SOLNTSEVSKAYA BRATVA

Kotipaikka: Solntsevon esikaupunkialue, Moskova, Venäjä
Perustettu: 1980-luvulla
Perustaja: Sergei Mihailov, entinen tarjoilija
Väri: Ei tiedossa
Symbolit: kaikki venäläisissä vankiloissa käytetyt tatuoinnit
Jäseniä: ei tiedossa

o o

Solntsevskaya Bratva on yksi Venäjän suurimmista ja vahvimmista rikollisjärjestöistä. Johtaja Sergei Mihailovilla on ollut keskeinen rooli Bratvan nousussa. Mihailov lahjoi, kiristi, uhkasi ja tapatti poliitikkoja ja liike-elämän johtajia. Tällä tavalla Bratva varmisti, että sillä oli Venäjän julkisen vallan suoja.

Tällä rikollisjärjestöllä on varsin korkean tason suojelija:
Venäjän federaation turvallisuuspalvelu (FSB).
Bratvalla on suora yhteys Venäjän korkeimmalle poliittiselle huipulle.
Bratva on soluttautunut niin syvälle Venäjän rakenteisiin,
että Venäjän on arvioitu lähestyvän rosvovaltiotasoa:
Venäjällä valtiota ohjaa rikollisten jengiläisten intressit.

Solntsevskaya Bratvan sanotaan toimivan tehokkaan yrityksen tavoin,
Bratvalla on lisäksi äärimmäisen tiukka uskollisuuden ja hiljaisuuden koodi.

Hierarkian huipulla istuu jengipomo *Pakhan* tai *Boss.*
Pomo valvoo kaikkia toimintoja ja tekee tärkeimmät päätökset.
Pakhanin alapuolella ovat prikaatit ja kapteenit ja jokainen heistä vastaa ryhmästä sotilaita.
Säälimättömät sotilaat tekevät kaiken Bratvan likaisen työn.

Solntsevskaya Bratvan rikossalkku on monipuolinen ja laaja.
Jengin palkkalistoilla on palkkamurhaajia, taskuvarkaita, hakkaajia, poliiseja, poliitikkoja, kiristäjiä, pankinjohtajia, ikkunasta heittäjiä ja lakimiehiä.

Bratvasta löytyy sopiva tyyppi mihin tahansa rikolliseen tehtävään.

Bratvan jäsenyys on erittäin haluttu. Bratva valvoo kuitenkin tarkkaan, kenet otetaan jäseneksi. Jäsenehdokkaiden on osoitettava rohkeutensa ja arvonsa erilaisten tehtävien kautta. Tiukka rekrytointiprosessi varmistaa, että vain kaikkein uskollisimmat ja kyvykkäimmät henkilöt pääsevät mukaan rikolliseen järjestöön.

Tarkan valintaprosessin ansiosta Bratva-eliitin yhteenkuuluvuuden tunne on erittäin vahva. Bratvan jäseneksi hyväksytyt vannovat järjestölle ikuista uskollisuutta.

Kuva: Canva

Bratva vaikuttaa venäläiseen yhteiskuntaan syvällisellä tasolla lisäämällä pelkoa ja turvattomuutta. Pakkosuojelurahat ja kiristys tukahduttavat yrittäjyyden ja kehityksen. Bratva vaikuttaa Venäjän poliittisiin ja oikeudellisiin laitoksiin. Venäläiset virkamiehet ovat osallisia Bratvan rikoksissa tai he ovat voimattomia niitä vastaan.

Pyrkimykset hajottaa Bratvan rikolliset lonkerot ovat epäonnistuneet, koska Bratvan toiminta on onnistunut luomaan Venäjälle syvään juurtuneen korruption. Kaikki tapahtuu Venäjän korkeimman poliittisen johdon hyväksyvän katseen alla.

HUTCH

Kotipaikka: Dublin, Irlanti
Perustettu: 1970-luvulla
Perustaja: Gerard "The Monk" Hutch
Väri: Ei tiedossa
Symbolit: Ei tiedossa.
Jäseniä: Ei tiedetä.

o o

Hutch-jengi on Irlannin johtavia rikollisjengejä. Jengillä on laajaa, globaalia toimintaa. Jengiä johtaa Gerard "The Monk" Hutch (s. 11.4.1963). Gerry on paatunut rikollinen, joka aloitti rikollisen uransa 10-vuotiaana.

Gerry Hutch väittää viettävänsä askeettista elämää, siksi hän on saanut liikanimen *The Monk*, Munkki.
Gerard Hutchin arvellaan suunnitelleen kaksi Irlannin historian suurinta pankkiryöstöä.

Nuorena Gerry Hutch oli erikoistunut "jump over" ryöstöihin, eli Gerry hyppäsi pankkitiskin ylitse, kahmi syliinsä niin paljon käteistä kuin pystyi ja pakeni.

Vuodet 1970–83 olivat Hutch-jengin kannalta tuottoisat. Jengin rikollinen toiminta tuotti tuona aikana jengille ja Gerry Hutchille 35 miljoonan euron arvosta omaisuutta. Summan saatiin kasaan lukuisilla pankkiryöstöillä, huijauksilla ja jalokivivarkauksia.

Nykyään jengi omistaa suuria
kiinteistökomplekseja ja
kokonaisia asuinkortteleita
ympäri maailman.

Hutch-jengi käy veristä jengisotaa toisen irlantilaisen mahtijengin, Kinahan-klaanin kanssa.
Tuossa jengisodassa on tapettu useita jäseniä molemmista suvuista.

Gerry Hutchin lisäksi jengi koostuu useista avainhenkilöistä, mukaan lukien perheenjäsenistä ja sukulaisista.
Tarkkaa johtoryhmää tai jäsenmäärää ei ole onnistuttu määrittelemään johtuen jengin tiukasta salamyhkäisyydestä.

Gerry Hutch on johtanut rikollisliigaansa tiukalla otteella. Hutch korostaa huolellista suunnittelua ja alleviivaa salassa toimimisen etuja. Hutch-jengi ei käytä näkyviä symboleja eikä uhoa somessa. Salamyhkäisyys on ollut etu rikollisuuden maailmassa.

Hutcin huomattavimman ryöstösaaliin
sanotaan olleen arvoltaan
7.6 miljoonaa euroa.
Summa tuli vuoden 2009
Bank of Ireland ryöstöstä.

Suurin osa tuosta ryöstösaaliista
jäi kadoksiin, ainoastaan noin
1.8 miljoona euroa on onnistuttu
saamaan takaisin.

Ryöstöstä otettiin kiinni seitsemän henkilöä, mutta heidät vapautettiin myöhemmin. Gerry Hutchia on epäilty ryöstön pääsuunnittelijaksi.

Gerry Hutchilla on
ollut taksilupa ja hän
itse toiminut
kuljettajana
limusiinifirmassa.

Rikollispomo kuljetti
Irlannissa vierailleita
superjulkkiksia,
muiden muassa
nyrkkeilijä Mike Tysonia.
Gerry kruisaili valkoisella
Hummer-limusiinilla.

KINAHAN

Kotipaikka: Dublin, Irlanti
Perustettu: 1980-luvulla
Perustaja: Christopher Vincent Kinahan Sr.
Väri: Ei tiedossa
Symbolit: Ei tiedossa.
Jäseniä: Ei tiedetä.

o o

Dublinilaisen maitotilallisen poika, Christy Kianahan (s. 23.3.1957) koulutti itse itsestään maailman vaikutusvaltaisimpiin kuuluvan rikollispomon.
Irlannissa Christy Kinahan tunnetaan liikanimellä *Dapper Don,* Näpsäkkä Pomo. Nimi tulee siitä, että Christyn käytöstä on pidetty liiallisen keikaroivana. Hienon käytöksensä alla Dapper Don on kovaksikeitetty rikollinen, jolla on takanaan vuosikymmeniä kestänyt ura.

Christy Kinahan kasvoi keskiluokkaisessa perheessä. Hänen sanotaan olleen hemmoteltu ja etuoikeutettu lapsi. Keskiluokkainen elämä ei kuitenkaan houkutellut, vaan Christy päätti erikoistua huumekauppaan.
Christyllä oli selkeä tavoite jengilleen: kansainväliset huumemarkkinat.
Huumeiden katukauppaa läheltä seurannut Christy ymmärsi, että isot rahat löytyisivät kansainvälisistä huumevirroista. Katukauppa oli nappibisnestä, eikä sellainen kiinnostanut Christy Kinahania.

Christy alkoi luoda yhteyksiä venäläisiin, meksikolaisiin ja kolumbialaisiin huumekartelleihin.
Hyvän kotikasvatuksensa ansiosta Christy Kinahan osasi hurmata jopa kovat huumekartellipomot.

Hyvä ja valloittava käytös toi Kinahanille nopeasti merkittävän aseman globaalissa huumekaupassa.
Erittäin älykkäänä ja säälimättömänä tunnettu Kinahan suunnitteli ja avasi kansainvälisille huumekartelleille reitit koko Euroopan huumemarkkinoille.
Kinahan-jengistä kasvoi nopeasti yksi maailman pahamaineisimmista rikollisjengeistä.

KINAHAN

Vuonna 1997 Christy Kinahan osallistui isänsä hautajaisiin ja poliisit pidättivät hänet. Christy sai neljä vuotta vankeutta shekkipetoksesta. Vankilassa ollessaan Christy opiskeli kaksi kielitutkintoa: Espanjan ja Venäjän.

Christylle tarjottiin mahdollisuutta vapautua vankilasta aikaisemmin. Christy ei ottanut vapautustarjousta vastaan, koska toinen hänen kielitutkinnoistaan oli vielä kesken. Christy halusi suorittaa opintonsa loppuun.
Kielitaitonsa ansiosta Christyn on ollut helppo luoda suhteita maailman suurimpiin huumekartelleihin.
Tänä päivänä Kinahan-jengi on arvioitu miljardin euron arvoiseksi.

Christyn sanotaan olevan koskematon.
Hän tiedetään lentelevän huoletta Dubliniin ja Las Vegasiin seuraamaan nyrkkeilyotteluita ilman, että hänen tarvitsisi pelätä kiinni jäämistä. Viranomaisten lahjominen ja pelottelu tuovat rikollisille etuja ja koskemattomuutta.

Kinahan-jengin johtajuuden arvellaan siirtyneen Christy Kinahanin pojalle, Danielille.

Kinahan-jengin jäsenet välttelevät julkisuutta viimeiseen saakka. Täydellisessä pimennossa toimiminen on ollut jengin menestyksen peruskivi; viranomaisten on ollut vaikeaa, ellei suorastaan mahdotonta löytää ajantasaista tietoa Kinahan-jengin toiminnasta ja johtajista.

Kinahan jengissä on aina korostettu tehokkuutta ja luottamusta; pettureita ei siedetä ja pelkkä epäilys riittää lopettamaan petturin elämän lyhyeen.

Christopher Vincent Kinahan Seniorista on annettu maailmanlaajuinen etsintäkuulutus.
Yhdysvaltain ulkoministeriö on luvannut 5 miljoonan dollarin palkkion vihjeestä, joka johtaa Christy Kinahanin kiinniottamiseen.

'NDRANGHETA

Kotipaikka: Calabria, Italia
Perustettu: 1792
Perustaja: Maaseudun rikollisjengien yhteenliittymä
Väri: Musta.
Symbolit: Calabria-alueen kartta, 'Ndrangheta-nimi
Jäseniä: 10 000 verenperintöjäsentä, 100 000 liittolaista

o o

'Ndrangheta on kotoisin italialaiselta maaseudulta. Maaseudulla toimiva löyhä rikollisryhmien verkosto yhdistyi raakalaismaiseksi ja julmaksi rikollisjärjestöksi.

Järjestöä pidetään yhtenä maailman vaikutusvaltaisimmista ja rikkaimmista järjestäytyneistä rikollisjengeistä.

'Ndrangheta on erittäin väkivaltainen rikollisjengi.

Sana *"'Ndrangheta"* tulee kreikan verbistä *andragathízesthai*, ja tarkoittaa "harjoittaa uhmakasta ja urheaa asennetta".

> 'Raaka väkivalta on Ndranghetan tunnusmerkki.
> Jos joku uhmaa jengiä, kosto on julma ja välitön. 'Ndranghetan julmuutta saavat maistaa kaikki, jotka uhmaavat jengin auktoriteettia;
> kilpailevat jengit, poliisit ja siviilit.

Vuonna 2007 'Ndrangheta oli vastuussa verilöylystä, jossa kuusi italialaista miestä murhattiin saksalaisen pizzerian ulkopuolelle.
Tapetut miehet ammuttiin teloitustyyliin Duisburgin kaupungissa. Nuorin tapettu oli vasta 16-vuotias, vanhin 38 vuotta.
Miehet olivat olleet ravintolassa viettämässä 18-vuotiaan syntymäpäivää.

Puoli kolmen aikaan yöllä saksalainen poliisi löysi viisi miestä kuolleina, kuudes uhri kuoli matkalla sairaalaan. Autossa olleisiin miehiin oli ammuttu yli kahdeksankymmentä luotia. Tappajat ja tapetut olivat kaikki 'Ndranghetan jäseniä. Murhassa oli kyse 'Ndranghetan sisäisestä valtataistelusta.

Edes omia ei säästetä.

'Ndragheta ei toimi ainoastaan rikollisuuden parissa, vaan jengi on ulottanut lonkeronsa lailliseen toimintaan kaikkialla maailmassa.
'Ndrangheta on soluttautunut laillisiin yrityksiin ja lahjoo ja uhkailee virkamiehiä edistääkseen rikollisia etujaan.

Jokaisen 'Ndranghetan jäsenen on vannottava
omistautumistaan rikolliselle elämälle käsi Raamatulla.

La Santa on huippusalainen 'Ndrangheta sisällä toimiva salaseura, jonka arvellaan syntyneen joskus 1970-luvulla. Nimi on lyhennys ilmaisusta
mamma santissima, joka mafiaslangissa tarkoittaa mafiapäällikköä.
Kirjaimellisesti *mamma santissima* tarkoittaa "kaikkein pyhintä äitiä".
Nimi viittaa Neitsyt Mariaan, jonka 'Ndrangheta on määritellyt
jengin suojeluspyhimykseksi.

La Santa perustettiin jotta 'Ndranghetan pomoilla olisi
mahdollisuus toimia julkisesti ilman näkyviä sidoksia
rikollisjärjestö 'Ndranghetaan. La Santan jäsenet toimivat
yhteiskunnassa laillisissa johtotehtävissä.
Sieltä he ohjailevat asioita 'Ndranghetan eduksi.

La Santa salaseuran jäsenillä on yhteyksiä poliittisen ja taloudellisen
maailman huipulle toisen salaseuran, vapaamuurareiden
kautta. Vapaamuurareiden tiedetään usein toimineen rikollisjärjestöjen
"hyödyllisinä idiootteina" kun vapaamuurarit ovat auttaneet
rikollisia pääsemään vastuullisille paikoille yhteiskunnissa.

La Santan jäsenet ovat ainoita, jotka tietävät ketkä ovat salaseuran jäseniä.

'Ndranghetan raaka väkivalta on saanut jopa paavin reagoimaan.
Vuonna 2014 paavi Franciscus tuomitsi 'Ndranghetan
"pahuuden palvonnasta ja yhteisen hyvän halveksunnasta".

Paavin mukaan rikolliset jengin jäsenet
pitäisi erottaa kirkosta.

MS-13

Kotipaikka: Pico-Union, Los Angeles, Kalifornia, USA
Perustettu: 1980-luku
Perustaja: pakolaiset El Salvadorista
Väri: musta
Symbolit: Ms-13, Mara Salvatrucha, numero 13
Jäseniä: 50 000 kautta maailman

o o

Mara Salvatrucha, MS-13, on maailman suurimpia ja pahamaineisimpia katujengejä. MS-13 on kansainvälisesti toimiva rikollisjärjestö, jonka häikäilemättömyys herättää kauhua kaikkialla.

Jengi tunnetaan siitä, ettei se kaihda edes lasten tai naisten tappamista. Jengiläiset tappavat kokonaisia perheitä, jos siitä on jengille hyötyä.

MS-13 tunnetaan bussihyökkäyksistään.
MS-13 katujengin jäsenet menevät kilpailevan jengin alueelle,
pysäyttävät bussin ja polttavat bussin matkustajineen.
Kaikki bussissa olevat matkustajat poltetaan elävältä.

MS-13 tarina alkoi 1980-luvun alussa, kun sotaa pakenevat salvadorilaiset etsivät turvapaikkaa Yhdysvalloista, erityisesti Los Angelesista. Perillä nuoret pakolaiset joutuivat kohtaamaan Losiin jo vakiintuneiden jengien väkivallan ja hyväksikäytön. Suojautuakseen salvadorilaiset nuoret muodostivat järjestön, josta tuli Mara Salvatrucha.

MS-13 sai nopeasti mainetta aggressiivisuudestaan ja MS-13 kasvoi vauhdilla. Nykyään MS-13-jengillä on yritysmaailmasta kopioitu tehokas organisaatio, jonka avulla jengi hallitsee laajaa ja äärimmäisen väkivaltaista verkostoaan.

Mara Salvatrucha on sanonnut tähtäävänsä rikoksillaan samaan hallitsevaan asemaan kuin mikä Meksikon huumekartelleilla on. Meksikon huumekartellit arvostavat MS-13 sotilaita ja Mara-13 säälimättömät sotilaat ovat usein taistelleet palkkasotilaina monen meksikolaisen huumekartellin riveissä.

MS-13

Mara Salvatrucha nimen taustaksi on esitetty, että sana *"mara"* viittaisi El Salvadorissa esiintyviin raakalaismaisiin lihansyöjämuurahaisiin (*Ecitoninae*). Muurahaislaji järjestäytyy tuhansista sotilasmuurahaisista koostuviin armeijoihin, jotka säälimättä marssivat ja syövät kaiken eteensä tulevan.

"Salva" viittaa El Salvadoriin ja *"trucha"* on salvadorilaista slangia, joka tarkoittaa luotettavaa ja valpasta. Numero kolmetoista viittaa aakkosten kolmanteentoista kirjaimeen: *M*.

MS-13 tunnetaan armottomasta kiristystoiminnasta, jolla jengi tienaa kymmeniä miljoonia euroja vuodessa. Väkivallan uhalla kiristetään suojelurahaa yrityksiltä ja yksityisiltä, alueen tavallisilta asukkailta ja myös kaikkein köyhimmiltä perheiltä.

Vaikka MS-13 katujengin organisaatiorakenne onkin hajautettu pienempiin osastoihin, jokainen jengin osasto toimii samoilla periaatteilla. Yhtenäisyys takaa, että jengijohtajia, jengisotilaita ja jengiosaamista on helppo vaihdella osastojen kesken. MS-13-jengin on sanottu olevan häiriönsietokykyinen rikollisjengi, joka mukautuu ilmapiirin muutoksiin ketterästi.

Kuten muutkin rikolliset katujengit, Maran jäsenet viestivät ja tervehtivät toisiaan erilaisilla käsimerkeillä. Tunnetuin Mara käsimerkki on sama pirunsarvimerkki, joka tunnetaan metallimusiikkiympyröistä.

MS-13 eroaa muista katujengeistä siinä, että Kalashnikov rynnäkkökiväärin sijaan Mara Salavtruchan suosikkiase on machete.

LATIN KINGS

Kotipaikka: Chicago, USA
Perustettu: 1940-luvulla
Värit: Kulta ja musta
Symbolit: Leijona, viisisakarainen kruunu,
Jäseniä: 100 000 kautta maailman

o o

USA:n vanhin ja suurin latinalaisamerikkalainen katujengi. Jengi luotiin järjestöksi, jonka alkuperäinen tarkoitus oli suojella puertoricolaisia rasismia vastaan. Jatkuvat kahnaukset alueen muiden jengien kanssssa johti nopeasti siihen, että jengistä tuli yksi Chicagon väkivaltaisimmista katujengeistä.

1960-luvulla syntyi
The Almighty Latin King Nation (ALKN), tunnettu myös nimellä The Lion Tribe, Leijonaheimo.

Nopeasti muodostettiin myös katujengin naisten jaosto:
The Almighty Latin Queen Nation (ALQN).

Nykyään koko jengiä kutsutaan nimellä:
The Almighty Latin King and Queen Nation (ALKQN). ,

Julkisuudessa jengi on väittänyt olevansa täysin legitiimi ryhmä, jonka tarkoituksena on edistää latinalaisamerikkalaisten etuja ja kulttuuria.
ALKQN on jopa palkannut suhdetoiminnan ammattilaisia, joiden tehtävänä on ollut opettaa rikolliselle katujengille, miten luodaan positiivista julkisuutta ja saavutetaan yleisön luottamus.

Poliisin mukaan ALKQN on
USA:n parhaiten organisoituja rikollisia jengejä.

Latin Kingsin mustan värin sanotaan edustavan pimeyttä kuoleman tuntemattomassa laaksossa. Tällä tarkoitetaan, että jäsenen on seurattava jengiä hamaan loppuun, eli kuolemaan saakka. ALKQON jäsenyys on elinikäinen. Latin Kingsillä on jäseniä jopa 8. sukupolvessa.

Vuonna 1972 jengille luotiin perustuslaki nimeltään *King's Manifesto* – kuninkaan manifesti, kuninkaan julistus.

Jengin ideologiaa kutsutaan *Kingismiksi.* Se muistuttaa kotikutoista uskontoa, joka on sekoitus jengiromantiikkaa ja mystiikkaa. Monet jengin jäsenet kutsuvat jengin *Manifestoa,* julistuskirjaa, uudeksi Raamatuksi.

Jengin joukkotapaamiset saavat usein uskonnollisväritteisen hengen, jossa messutaan mystisiä rukouksia kuten:
"Amor de Rey! King airborne! Master Your Lessons! Peace to the Nation!"

Jengiin kuulu osastoja kaikkialla maailmassa. Jokainen osasto ja jokaisen osaston jäsen tunnustaa Manifestoa.

Latin Kings käyttää helmiä viestintään:
Jäsenet: 5 mustaa ja 5 keltaista
Johtotaso: 5 mustaa ja 2 kultaa
Palkkamurhaaja: kokomustat

Nykyään jengiläiset piilottavat helmet, koska poliisi tunnistaa jengijäsenet helmien perusteella.

Latin Kings kruunulogon viisi sakaraa tarkoittavat:
respect (kunnioitus)
honesty (rehellisyys)
unity (yhteenkuuluvuus)
knowledge (tieto)
love (rakkaus).

Latin Kings juhlapäiviä ovat tammikuun 6. päivänä vietetty *King's Holy Day*, Kuninkaan Pyhä Päivä. Maaliskuun ensimmäisellä viikolla jengin juhlan nimi on *King's Week*, Kuninkaan Viikko.

Slogan:
Once a king, always a king!
Kerran kuningas, aina kuningas.

THE NUMBERS GANG 26, 27, 28

Kotipaikka: Durban, KwaZulu-Natal, Etelä-Afrikka
Perustettu: 1800-luvulla
Perustaja: Paul Mambazoa
Värit: Kulta, hopea ja musta
Symbolit: Numerot, 26, 27 ja 28.
Jäseniä: Tuhansia

o o

The Numbers Gang, eli Numerot Jengin luominen on myyttinen tarina.

1800-luvun lopulla mies nimeltään Paul Mambazo tapasi kaksi nuorta miestä; Zulu- heimoon kuuluvan *Nongolozan* ja Pondo-heimoon kuuluvan *Ngeleketshanen*. Nuoret miehet olivat menossa töihin kultakaivoksiin.
Paul Mambazo tiesi, että työolot kaivoksissa olivat kauhistuttavat, ja moni nuori kaivosmies kohtasi kuoleman kaivoksen uumenissa.
Niinpä Paul Mambazo päätti suojella Nongolozaa ja Ngeleketshanea. Mambazo tarjosi nuorille miehille mahdollisuuden kouluttautua rikolliselle uralle, joka oli turvallisempaa kuin kaivostyö. Nuoret miehet suostuivat.

Paul Mambazo opetti kahdelle nuorelle miehelle salaisen kielen, *Sabela*, ja Mambazo opetti heidät myös ryöstämään ja varastamaan.
Kun Nongoloza ja Ngeleketshane valmistuivat rikollisopista, Paul Mambazo värväsi 15 nuorta miestä, jotka määrättiin työskentelemään Nongolozan ja Ngeleketshanen kanssa.

Nongoloza sai alaisekseen 7 miestä ja Ngeleketshane sai 8 miestä.
Paul Mambazo määräsi ryhmät työskentelemään eri aikoina:
Nongolozan ryhmä teki rikoksia yöllä ja Ngeleketshanen joukkio päivisin.

Pian Nongolozan ja Ngeleketshanen tiet erosivat, mutta he tapasivat uudelleen Durbanin vankilassa v. 1908 tienoilla.
Vankilassa tapahtui kaikenlaista kränää, jonka lopputuloksena syntyi kolmas jengi, jossa oli kuusi jäsentä.
Nongolozalla ja Ngeleketshane oli tämän jälkeen hallinnassaan kolme rikollisjengiä, joita he johtivat yhdessä.

THE NUMBERS GANG 26, 27, 28

The Numbers Gang nimet, 26, 27, 28 muodostuivat seuraavalla tavalla:

Jengeillä oli kaksi johtajaa, siitä saatiin numero 2.
Kahden johtajan lisäksi alkuperäisissä jengeissä oli jäseniä 6, 7 ja 8.

Nykyään numerojengin nimen sanotaan määräytyvän sen mukaan, minkälaisiin rikoksiin jengin jäsenet ovat syyllistyneet. Jengin jäsenet siis luokitellaan jengihin rikoksen laadun mukaan.
26 – Talousrikokset
27 – Väkivaltarikokset
28 – Seksuaalirikokset

Numerojengin terveyhdyksiin kuuluvat
26 - nostettu peukalo
27 - nostettu peukalo ja etusormi
28 - nostettu peukalo, etusormi ja keskisormi

The Numbers Gang tunnetaan
lukuisista tatuoinneistaan.
Tatuoinnit voivat sisältää
kaikenlaisia symboleja, joille tatuoitu
itse antaa merkityksen.

Symbolit voivat olla
dollarin merkkejä, numeroita,
aseita, miekkoja, avoimia kirjoja ja numeroita.

Salainen *Sabela* kieli on yhä käytössä.
Oma kieli on osoittautunut varsin
tehokkaaksi välineeksi.

Oman kielen avulla
The Numbers Gang onnistuu pyörittämään
vankiloissa täydellistä yhteiskuntaa
hallituksineen ja
oikeuslaitoksineen.

MANIAC LATIN DISCIPLES

Kotipaikka: Chicago, USA
Perustettu: 1966
Perustaja: Albert The King Hernandez
Värit: Musta ja vaaleansininen.
Symbolit: Sydän, jolla on pirunsarvet ja pirun häntä,
iso D-kirjain ja kolmikärki
Jäseniä: Noin 3000

o o

Albert *The King* Hernandez perusti *Maniac Latin Disciples*-jengin samaan aikaan kun Chicagossa perustettiin kaksi muuta vastaavaa jengiä: *Bruce Lee Latin Disciples* ja *Almighty Latin Disciples*. Albert perusti jenginsä puertoricolaisten teinien kaveriklubiksi ja aluksi jengin jäsenet tunnettiinkin avuliaisuudestaan.

Kun Chicagoon vuonna 1967 iski lumimyrsky, Hernandez ylipuhui kaikki alueensa jengit auttamaan alueen asukkaita selviämään kylmästä tuiskusta. Vasta 13-vuotiaan Hernandezin urotyö herätti paljon huomiota ja ihailua Chicagon lehdistöä myöten.

1960-luvun lopussa Albert Hernandez onnistui yhdistämään kaikki alueen kolme *Disciples*-jengiä. Albert Hernandez nimitettiin yhdistetyn jengin johtajaksi, jengin nimeksi päätettiin Maniac Latin Disciples ja Albertille annettiin arvonimi *The King*.

Vuonna 1972 jengijohtaja Albert "The King" Hernandez kiinnitti huomiota kahteen alueellaan, *hoodillaan*, liikkuneeseen Latin Kings-jengin jäseneen. Kingsiläiset häiriköivät ja dissasivat Albertin *hoodin* asukkaita avoimesti. Hyväsydäminen Hernendez toimi kuten aina: hän suojeli omiaan ja omaa *hoodiaan*. Albert pyysi Latin Kings jäseniä poistumaan Maniac Latin Disciplies-jengin alueelta.

Pyynnön seurauksena Latin Kingsiläinen puukotti Albert *The King* Hernandezin kuoliaaksi. Hernandez oli kuollessaan muutamaa kuukautta vaille 18 vuotta.

MANIAC LATIN DISCIPLES

Poliisilla ei ollut aavistustakaan, kuka tei ketkä Albertin tappoivat.
Mutta kadulla tiedettiin.

Albertin murhan jälkeen ei ehtinyt kulua kauaakaan, kun eräs kadulla tunnettu
ja tiedetty Latin Kings-jengin jäsen murhattiin kaikessa hiljaisuudessa.
Murha oli kosto Albertin murhasta.
Poliisi ei koskaan saanut kiinni ketään kummastakaan murhasta.

Albertin kuoleman jälkeen Maniac Latin Disciples ja Latin Kings katujengien
välillä alkoi verinen jengisota.

Kunnianosoituksena Albertille, arvonimeä *King* ei enää käytetty, jengin
seuraava johtaja sai uuden arvonimen: *Prince.*

Albert Hernandezin perustama katujengi aloitti
uransa hyvän puolella, siitä on todisteena
lehtiartikkeleita, joissa Albertin lumimyrskyapua
ylistetään.

Katujengi Maniac Latin Disciples toimi hyvän
puolella vielä jonkin aikaa Albertin kuoleman
jälkeen.

Valitettavasti Albertinkin perustama jengi otti
samanlaisen rikollisen suunnan kuin niin moni
muukin alun perin viaton teiniryhmä: rikollisuus
ja helppo raha alkoi houkuttaa ja ryhmä valitsi
rikollisen urapolun.

Albert Hernandez ei koskaan myynyt huumeita,
Maniac Latin Disciples jengin rikollinen
huumekauppa alkoi vasta Albertin kuoleman
jälkeen.

Maniac Latin Disciples tarkoittaa:
Hullut Latinalaiset Opetuslapset.

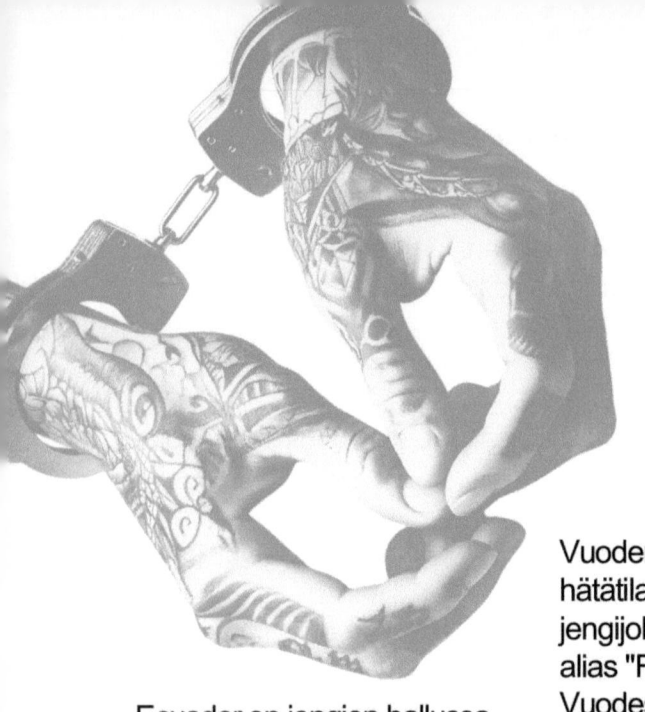

LOS CHONEROS

Kotipaikka: Chone, Ecuador
Perustettu: 2005
Perustaja: Jorge Véliz
Värit: Ei tiedossa.
Symbolit: Erilaiset villieläimet
Jäseniä: Ei tiedossa.

○ ○

Vuoden 2024 alussa Ecuador julisti maahan hätätilan, koska yksi maan vaarallisimmista jengijohtajista, Jose Adolfo Macias Villamar, alias "Fito", pakeni vankilasta.
Vuodesta 2011 pidätettynä ollut Fito johtaa erittäin vaarallista Los Choneros rikollisjengiä.

Ecuador on jengien hallussa. Vuonna 2023 maassa murhattiin 22 ihmistä päivässä.

Los Chonerosia pidetään Ecuadorin ylivoimaisesti kovimpana rikollisena jenginä. Juuri tämä jengi on päävastuussa Ecuadorin karmeasta jengirikollisuustilanteesta. Jengin nimi viittaa jengin kotipaikkaan; *Los Choneros* tarkoittaa Cantón Chonen asukasta, eli *chonerolaista*. Jengin perustaja ja ensimmäinen johtaja oli Jorge Véliz .

Jorge Véliz, alias *"Teniente España"*, Luutnatti Espanja, aloitti rikollisen uransa 1990-luvulla alatason huumekauppiaana. Alkuun Los Choneros oli kahdeksan pikkurikollisen jengi. Teniente España laajensi aluettaan voimallisesti, nykyään jengi hallitsee kansainvälisiä huumekauppareittejä Ecuadorissa.
Chonerosin uskotaan toimivan yhdessä Sinaloa huumekartellin kanssa.
Los Choneros on lahjonut riveihinsä ecuadorilaisia poliiseja ja poliitikkoja.

Los Choneros tunnetaan äärimmäisestä väkivaltaisuudesta, eikä jengi kaihda kiduttamista ja/tai tappamista. Chonerot käyvät julmaa jengisotaa Los Lagartosia vastaan. Jengisodan takia väkivalta Ecuadorissa on jokapäiväistä ja äärimmäisen julmaa.

LOS LAGARTOS

Kotipaikka: Ecuadorin vankilajärjestelmä
Perustettu: 2019
Perustajat: William *El Cubano* Poveda Salaza
ja Giovanny *Gorras* Mantilla Ceballos
Värit: Musta
Symbolit: Sisilisko
Jäseniä: Ei tiedossa.

o o

Los Lagartos muodostu kahdesta jengistä:
Cubanoista ja Gorraseista.
Yhdistymisellä haettiin voimaa Ecuadorin
johtavaa rikollisjengiä, Los Chonerosia vastaan.
Jengin nimi tarkoittaa sisiliskoa, joten lisko on
myös jengin symbolieläin.

Los Lagartos muuttui tuntemattomasta vankilajengistä koko maan
puheenaiheeksi, kun jengiä alkoi johtaa Giovanny Mantilla Ceballosilla, alias
Gorras. *Gorras* osasi organisoida jengin. Gorras oli Latin Kings-jengin jäsen ja
tiesi, miten rikollista jengiä johdetaan menestyksekkäästi. Gorrasin johtajuuden
aikana monet pienet jengit liittyivät Los Lagartosiin ja jengi kasvoi ja sai
vaikutusvaltaa. Los Lagartosin vahvistuessa Gorras päätti aloittaa jengisodan
Los Choneros -jengiä vastaan.

Los Lagartosin ja Los Chonerosin välinen jengisota on Ecuadorin väkivallan
ytimessä. Tilanne maassa on paha, eikä epidemian kaltaiselle väkivallalle näy
loppua. Korruptio on syönyt pohjan kaikelta, myös poliisilta ja oikeuslaitokselta.
Gorrasin odottamaton kuolema COVID-19 tartuntaan kesäkuussa 2020
heikensi Los Lagartosia. Jengi jäi yllättäen ilman johtajaa. Gorrasin veli, Carlos
Mantilla, alias *Choclo*, otti ohjat, mutta Choclo ei ole ollut veljensä tasoinen.

2003 Los Chonerosin ja Los Lagartosin jengisota aiheutui verilöylyn
yökerhossa Guayaquiliss kaupungissa.
Verilöylyssä kuoli 11 ihmistä ja kymmeniä loukkaantui.

GANGLAND.FI

KATUJENGIEN VASIKAT

Ruotsin poliisin mukaan rikolliset jengit pyrkivät ottamaan enemmän ja enemmän valtaa myös julkishallinon, kuten kuntien, verohallinnon, oikeuslaitoksen, maahanmuuton ja poliisin puolella.

Rikolliset jengit yrittävät saada sukulaisiaan ja läheisiään töihin sellaisiin paikkoihin, joissa heistä on hyötyä rikollisjengin toiminnan mahdollistajina.

Strategiset paikat ovat juuri vaikkapa poliisi, jossa rikollisten jengiläisten sukulaiset, ystävät tai läheiset voivat päästä käsiksi poliisin arkaluontoiseen tutkinta- ja seurantamateriaaliin.

Myös tiettyjen poliisien henkilötiedot kiinnostavat jengirikollisia, koska niiden avulla rikolliset pääsevät uhkailemaan poliiseja ja poliisien perheitä.

Ruotsissa on ilmennyt useita tapauksia, joissa poliisin hallinnossa työskentelevän henkilön on todettu luovuttaneet salassa pidettävää tietoa rikollisille jengeille.

Vuoden 2024 alussa Ruotsin Attundan käräjäoikeudessa, työskennellyt nainen tuomittiin 1 v. ja 9 kk:n vankeuteen salassa pidettävien tietojen vuotamisesta jengirikolliselle. Nainen oli kertonut jengipoikaystävälleen poliisin salakuuntelusta.

Tukholman poliisi ihmetteli, miksi salakuunnellun jengin puhelimet yhtäkkiä mykistyivät. Ilmeni, että syy puhelinten hiljenemiselle oli tietovuoto. Poliisissa työskennellyt nainen oli kertonut jengirikolliselle poikaystävälleen, että poliisi kuuntelee jengin puhelimia.

Nainen sai tuomionsa, mutta poliisin kuukausien työ valui hukkaan.

RUOTSIN
TIE

Tässä luvussa käydään läpi
Ruotsin äärimmäisen uhkaavaa ja
väkivaltaista katujengitilannetta.

RIKOLLISET KAUTUJENGIT RIKOLLISET KATUJENGIT RIKOLLISET KAUTUJENGIT RIKOLLISET KAUTUJENGIT RIKOLLISET KAUTUJENGI

62 000 KATUJENGIKYTKÖSTÄ

Ruotsissa arvellaan asuvan yli 62000 henkilöä, jotka ovat tekemisissä rikollisten katujengien kanssa.

He ovat itse jengirikollisia tai vaihtoehtoisesti he auttavat tai mahdollistavat jengirikollisten toiminnan.

Poliisin mukaan arvio on tehty alakanttiin.

Ihmismäärä on valtava. Vertaukseksi: tämä tarkoittaisi, että jokainen vaasalainen, vauvasta vaariin, olisi läheisissä tekemisissä jengirikollisten kanssa.

Ruotsin rikollisverkostoissa toimivista 95 prosenttia on miehiä ja 5 prosenttia naisia. Jos tarkastellaan rikollisverkostoihin *kytköksissä* olevia henkilöitä, naisten osuus kasvaa 19 prosenttiin. Nämä niin kutsutut kytkösnaiset ovat vaikapa tyttöystäviä, äitejä ja siskoja.

Ruotsin poliisiviranomaisen antaman tilannekuvan mukaan maan rikollisverkostoissa ja niiden lähellä olevilla tahoilla on eri rooleja, joita poliisi kuvaili seuraavasti:

Strateginen rooli:
Ihmiset, jotka ohjaavat rikollista toimintaa.
Ylemmät tason toimijat:
Suorittavat itse osan rikollisista tehtävistä tai varmistavat, että tehtävät suoritetaan.
Alemman tason toimijat:
Tekevät rikoksia pomojen puolesta.
Sotilaita.
Mahdollistajat ja asiantuntijat:
Ihmisiä, jotka tavalla tai toiselle tukevat rikollista toimintaa.
Tilintarkastajia, rahanpesijöitä ja muita apulaisia.

88 prosenttia aktiivisista rikollisista on Ruotsin kansalaisia.
Heistä ainoastaan kahdeksalla prosentilla on myös ulkomaan kansalaisuus.

Yhdellätoista prosentilla on vain ulkomaan kansalaisuus ja yhdellä prosentilla kansalaisuutta ei voitu ilmoittaa.

Kukaan Ruotsissa ei usko, että Ruotsia riivaavaa jengiongelmaa saataisiin ratkaistua ainakaan lähimpinä vuosina.

Ruotsissa toivotaan sen sijaan, että juuri nyt syntyvistä lapsista ei enää kasvaisi jengirikollisia, vaan nyt syntyvät lapset onnistuttaisiin auttamaan jengiytymisvaiheen ohitse.

Vaikuttaa siltä, että suuri osa ruotsalaisen yhteiskunnan ennaltaehkäisevistä toimista suunnataan alle kouluikäisiin lapsiin ja näiden lasten perheisiin, etenekin äiteihin.
Tämän toivotaan estävän jengirikoskierteen.

Se ei ole viiden vuoden projekti.
Se ei ole edes kymmenen vuoden projekti.
Se on kahdenkymmenen vuoden projekti.

Suomen tilanne ei ole samanlainen kuin Ruotsin tilanne. Suomessa lainsäädäntö on monelta osaltaan ollut tehokkaampaa kuin ruotsalainen lainsäädäntö.

Suomalainen laki esimerkiksi sallii kovennetut rangaistukset, jos tekijöiden epäillään toimineen organisoidun rikollisuuden parissa. Suomalainen oikeuslaitos ei ole epäröinyt käyttää kovennettuja tuomioita.

Lisäksi Suomessa on nuorisovankiloita. Ruotsi lakkautti omat nuorisovankilansa neljäkymmentä vuotta sitten vuonna 1980.

ALKURÄJÄHDYS

Heinäkuun 22. Päivänä 2015 Rinkeby-verkostoksi kutsuttu jengi teki onnistuneen ryöstön Forex-rahanvaihtotoimistoon. Saaliiksi jengi sai huikeat 200 00 euroa.

Onnistuneesta ryöstöstä huolimatta yksi Rinkebyjengin jäsenistä, 16-vuotias *Maslah*, kiehui raivosta. Maslah oli osallistunut ryöstön suunnitteluun, mutta jostain syystä ryöstöä johtanut *Izzy* oli päättänyt jättää Maslahin kokonaan ryöstön ulkopuolelle. Ryöstön ulkopuolelle jääminen oli Maslahille valtava isku. 16-vuotias teini koki kunniansa tulleen verisesti loukatuksi.

Ryöstöpäivän iltana jengi juhli onnistunutta ryöstöretkeään, olihan jengi *"jacked"*, eli jengi oli *Hit the Jackpot*, suomeksi: osunut kultasuoneen.

Rahat jaettiin ryöstäjien kesken.
Ryöstön suunnitteluun osallistuneelle Maslahille annettiin pienempi rahasumma. Maslah vaati itselleen suurempaa osuutta, mutta Izzy ei tähän suostunut.
Rahasumma ei riittänyt lepyttämään 16-vuotiaan loukattua kunniaa.

Maslah päätti kostaa. Maslah päätti, että Izzyn oli kuoltava.
Ryöstöpäivän illalla Maslah ampui lapsuusystävänsä Izzyn.
Izzyyn osui useita laukauksia ja hän kuoli vammoihinsa sairaalassa.

Kaksi päivää Izzyn kuoleman jälkeen Maslah ammuttiin.
Maslahin tappo oli kosto Izzyn murhasta.

Izzy ja Maslah haudattiin vierekkäin. Sovittelevan eleen toivottiin lopettavan väkivaltaisuudet alueella. Toisin kävi. Sovinnon sijaan alkoi jengisota, jonka aikana tapettiin monia nuoria. Suurin osa murhista on yhä selvittämättä.
Izzyn murhan tutkimukset on lopetettu kauan sitten.
Kukaan ei puhu. Kaikki pelkäävät.

Izzy ja Maslahin murhat jakoivat Rinkeby-verkoston kahteen leiriin: Shottaz ja Dödspatrullen.

DÖDSPATRULLEN

Kotipaikka: Rinkeby, Tukholma, Ruotsi
Perustettu: vuonna 2015
Perustaja: Mohamed Abdigahni Ali (Makkan, Makelele), Mustafa Mohammed, Abdisamed Dahir Ahmed (Talang) ja Zakaria Amin Sheik Ahmed (Shobre)
Väri: Musta
Symbolit: tatuoinnit SK = Shottaz Killer, teksti: Guerra a muerte – Sotaa kuolemaan saakka
Jäseniä: ei tiedossa

Dödspatrullen, Kuolemanpartio, tunnetaan myös lyhenteellä 3MST. Lyhenteen kerrotaan tarkoittavan kahta asiaa:
3 Men Standing tai perustajajäsenten nimet:
3M = Musse, Makkan, Maslah
S = Shobre
T = Talle

Shottaz ja Dödspatrullen syntyivät ruotsalaissomalialaisessa miljöössä, Rinkebyn 15 000 asukkaan lähiössä.

SHOTTAZ

Kotipaikka: Rinkeby, Tukholma, Ruotsi
Perustettu: vuonna 2015
Perustaja: Ei tiedossa
Väri: Ei tiedossa
Symbolit: Ei tiedossa
Jäseniä: Ei tiedossa

Shottaz otti nimensä elokuvasta *SHOTTAS*. Leffassa jamaikalainen rikollisjengi, joita kutsutaan nimellä Shottas, valtaa huumemarkkinat.

KOULUT RUOTSIN TIELLÄ

Ruotsissa on jo pitkään kuultu opettajien hätähuutoja siitä, että rikollisten katujengiläisten lapset hallitsevat kouluja. Joillakin alueilla peruskoulua käyvät lapset ovat jengirikollisten lapsia tai sitten lapset ovat itse jengirikollisia.

Vuonna 2022 Ruotsin poliisi kertoi, että 8 233 henkilöä oli aktiivisia rikollisia Ruotsin katujengeissä. Näistä 1 202 henkilöä oli alle 18-vuotiatita ja moni jopa alle 15-vuotiais.
Poliisin lausunnon mukaan ei ole epätavallista, että teini-ikäiset ovat rikollisten katujengien johtajia. Lisäksi tuhannet lapset ja nuoret ovat liukumassa rikollisten jengien piiriin.

Katujengioppilaiden läsnäolo häiritsee myös niitä lapsia, jotka eivät ole rikollisia eivätkä kasva rikollisessa jengiperheessä.
Nämäkin lapset joutuvat elämään jatkuvassa pelossa, kun koulun pihalla esitellään aseita.
Nämäkin lapset kuulevat poliisihelikopterin jatkuvaa säksästystä, sarjatuliaseilla ampumista ja räjäyttelyä.

Erään opettajan päähän painettiin aseen piippu saatteena sanat "Jag ska döda dig." - Minä tapan sinut.
Klaani- ja katujengialueella koululaiset kantavat kouluissa mukanaan aseita, joita esitellään koulun muille oppilaille.
Nytorpsskolan Göteborgissa on usein mainittu ongelmakouluksi.
Paikallinen, rikollinen sukuverkosto käyttää valtaansa vaikuttaakseen koulun opettajiin.

Nytorpskolan sijaitsee alueella, jossa valtaa pitää Ruotsin suurimpiin rikollisiin sukuihin kuuluva Ali Khan-klaani.

KOULUT RUOTSIN TIELLÄ

Opettajia syljetään, lyödään nyrkeillä ja kuristetaan.
Poliisi suosittelee opettajille henkilökohtaisia turvahälyttimiä.
Koulujen rehtorit joutuvat tekemään koulunsa oppilaista poliisille rikosilmoituksia.

Hiljaisuuskulttuuri opettajien kesken on laaja. Opettajat eivät uskalla kertoa tai tehdä ilmoituksia rikollisten lasten tekemisistä. Opettajat tietävät, että koulun ulkopuolella on raskaasti rikollisia jengiaikuisia.

Jengijäsenen lapsen käyttäytymiseen puuttuminen saattaa johtaa uhkailuun ja joskus väkivaltaan. Jengiläiset voivat seurata opettajia kotiin, rikolliset istuvat autoissaan opettajien kotien ulkopuolella, kyttäämässä.
Myös opettajien lapsia ja läheisiä uhataan.

Opettajille ilmoitetaan uhkaavaan sävyyn, *"Vi vet var du bor."*, tiedämme missä asut. Jengiläisten lasten käytökseen ja koulumenestykseen ei uskalleta puuttua. Opettajat ja rehtorit pelkäävät. Ja ovat mieluummin hiljaa.

Kun jengirikollinen sanoo opettajalle:
"Sinun on parasta tarkistaa autosi alusta ennen kuin lähdet ajamaan."
- silloin auton alusta kannattaa tarkistaa.
Räjäytykset ovat Ruotsissa arkipäivää ja rikolliset ovat tosissaan.
Uhkaukset eivät ole vitsejä eivätkä tyhjiä.
Jokainen uhkaus on todellista totta.

Opettajan kidnappaus ja pahoinpitely.
Elokuussa vuonna 2020 Göteborgilaisen Lövgärdet koulun opettaja näkee aseistautuneen miehen koulun lähellä.
Opettaja tunnistaa miehen ja tekee poliisille ilmoituksen.

Kostoksi ilmoituksen tekemisestä opettaja kidnapataan, hänet kuljetetaan salaiseen paikkaan ja pahoinpidellään.
Opettajan kidanppaustapauksen tutkimukset on lopetettu.
Ketään ei tuomittu.

Kukaan, edes kidnapattu opettaja, ei uskaltanut todistaa.

DALEN-NÄTVERKET

Kotipaikka: Enskededalen, Tukholma, Ruotsi
Perustettu: joskus 2014 aikaan
Perustaja: Faiz Khan
Väri: Ei käytössä.
Symbolit: Ei käytössä.
Jäseniä: Johtoryhmä 30–40 henkilöä.

o o

Dalen, suom. Laakso, on alue Etelä-Tukholmassa.
Dalenin alueella alkunsa saaneessa raakalaismaisessa jengissä toimii poliisin laskelmien mukaan yhteensä noin 30–40 henkilöä.

Dalen on rakenteeltaan aika tyypillinen ruotsalainen rikollisjengi; jengin ytimeen ei välttämättä kuulu montaakaan jengiläistä, mutta yhteistyökumppanijengejä löytyy muista ruotsalaisista kaupungeista ja lähiöistä.
Dalen-verkosto hallitse kaikkia, jäseniään ja jengin ulkopuolisia ihmisiä rahalla, väkivallalla ja puhtaalla pelolla.

Jengi tunnetaan silmittömästä väkivallan käytöstä.
Jengi ei kaihda perheiden tai lasten uhkailua tai vahingoittamista.
Jengin alueen asukkaat eivät uskalla puhua Dalen-jengistä kenellekään.
Jengi on onnistunut pelottelemaan oman alueensa asukkaat hiljaisiksi.

Dalen verkosto on vahvasti mukana Ruotsin huumekaupassa.
Verkosto on myös vastuussa väkivaltarikoksista, aserikoksista ja kiristyksestä.

Lisäksi jengi tunnetaan erityisesti siitä, että se pakottaa ja kiristää nuoria lapsia mukaan rikolliseen toimintaansa. Nuorimmat lapset ovat olleet vasta 12-vuotiaita. Lapsille annetaan tehtäväksi kuljettaa ja säilyttää aseita ja huumeita jengin laskuun.

Vuonna 2018 lopulla Dalen-verkoston johtaja, Faiz *"Paki"* Khan, murhattiin.
Khan murhattiin Enskededalenissa, Tukholmassa sijaitsevassa kaupunginosassa. Kahn oli asunnossaan, kun hänen rintakehäänsä ja päähänsä ammuttiin useita laukauksia. Ketään ei ole tuomittu murhasta.

Faiz Kahnin kuoleman jälkeen Dalen verkosto siirtyi uusin käsiin.
Dalen-verkoston uusi johto toi mukanaan entistä vahvemman väkivaltaorganisaation. Verkoston uudet johtajat olivat veljekset Mario Golzar Mia ja Victor Miah. Lisäksi mukaan astui Mikael *Kreikkalainen* Tenezos.

Vuonna 2022 alkoi Dalen-verkoston ja Foxtrot-verkoston välinen verinen jengisota. Sota alkoi Sundsvallista, mutta laajeni Uppsalaan ja Tukholmaan.
Sota oli verinen ja ampumisista ja räjäyttelyistä tuli Ruotsissa arkipäivää.
Lukuisia ihmisiä kuoli ja vielä enemmän loukkaantui.

Dalen-verkosto ulotti kostotoimensa myös Foxtrotin johtajan, Rawa Majidin läheisiin. Ensimmäistä kertaa ruotsalainen jengisota laajeni verikostosodaksi. Jos johtajia tai jengin jäseniä ei voitu vahingoittaa, silloin vahingoitettiin johtajien sukulaisia.

Vuonna 2023 Mario Golzar Miah tuomittiin 13 vuoden vankeuteen räppäri Einárin kidnappauksen suunnittelusta. Veli Victor Miah pidätettiin Bulgariassa vuonna 2022 mutta hän onnistui pakenemaan. Victor Miahin kasvot koristivat Europolin *Most Wanted* -sivustoa vielä 2024 huhtikuussa.

Dalen-johtajista Mikael *Kreikkalainen* Tenezos asuu maanpaossa Meksikossa. Kreikkalaisen epäillään johtavan jengiä ulkomailta. Hänet on etsintäkuulutettu.

Dalen verkoston epäilty johtaja Mikael Tenezos oli aikoinaan lupaava jääkiekkoilija.
Tenezosin kiekkoilutiedot löytyvät yhä jääkiekkosivuston, *Eliteprospectin*, sivuilta.

Tenezosia on kuvailtu nopeaksi ja tekniseksi pelaajaksi, jolla olisi ollut mahdollisuudet päästä huippupelaajaksi.

Rikollisen elämän tarjoamat nopeat ja suuret rahat veivät kuitenkin voiton jääkiekosta ja Tenezosista tuli rikollisen katujengin raaka johtaja.

FOXTROT

Kotipaikka: Uppsala, Ruotsi
Perustettu: 2010-luvun loppupuolella
Perustaja: Rawa Majid
Väri: kultainen
Symbolit: kettu, kettusormus, kettu-emoji
Jäseniä: ei tiedossa

o o

Foxtrot-verkosto on Ruotsin suurimpia huumemaahantuojia.
Verkosto on hyvin organisoitu. Jengin aivan korkeimpien johtajien epäillään kuuluvan samaan perheeseen. He johtavat jengiä rautaisella otteella.
Siksi jengin toiminnan keskeyttäminen on ollut erittäin vaikeaa.

Foxtrotin ydinryhmään epäillään kuuluvan noin kymmenisen henkeä, pääosin iältään 25–35-vuotiaita miehiä. Myös jengin johtajan Rawa Majidin lähisukulaisten on huhuttu kuuluvan rikollisen jengin ehdottomaan ydinpiiriin.

Majid on jo saanut apua rikolliseen toimintaansa isältään ja äidiltään. Hänen vanhempansa auttoivat poikaansa pesemään rikollisia huumerahoja. Majidin vanhemmat tuomittiin ehdollisiin tuomioihin rahapesusta helmikuussa 2021. Myöhemmin Ruotsin hovioikeus kovensi äidin tuomiota puolentoista vuoden vankeustuomioksi.
Majidin isän henkilöllisyys on sittemmin suojattu.

Vaikka Majidin lähisukulaisten epäillään olevan mukana jengin toiminnassa, Foxtrot-verkosto ei ole sukuun nojaava klaanijärjestö.
Foxtrotia on kuvailtu eräänlaiseksi huumeiden tukkuliikkeeksi, josta muut jengit hankkivat myytävät huumeensa.
Foxtrot toimittaa huumeita laidasta laitaan kaikille tahoille, jotka suostuvat maksamaan. Foxtrot-verkostolla on huumekontakteja kaikkialla maailmassa ja verkostolla on aktiivista toimintaa myös Suomessa.

Rawa Majidin nimi löytyy Interpolin *Red Notice*-listalta. Red Notice tarkoittaa, että Interpol pyytää kaikkia maailman poliiseja auttamaan kyseisen henkilön kiinniottamisessa.

Pitkän vankilatuomion jälkeen vuonna 2018 Rawa Majid sai, oman turvallisuutensa vuoksi, luvan muuttaa pois Ruotsista. Majid muutti Turkkiin, jossa hän osti kansalaisuuden "Kultainen passi" -ohjelman avulla. Majid johti Foxtrot-verkostoa Turkista käsin erittäin väkivaltaisin ottein.

Majidiin liitettyjen rikosten vuoksi Ruotsin viranomaiset vaativat Majidin luovuttamista. Luovuttamista pelännyt Majid pakeni Iraniin syyskuussa 2023. Iranissa Majid pidätettiin. Vankilatuomion sijaan Majidille tarjottiin mahdollisuutta tehdä yhteistyötä Iranin tiedustelupalvelun kanssa.

Rawa Majid ja Ismail Abdo varttuivat Uppsalassa, Ruotsissa. Ystävykset johtivat rikollista Foxtrot-verkostoa yhdessä, kunnes Majidin ja Abdon välille syttyi verinen valtataistelu.

Majidin ja Abdon välien kiristymisen seurauksena Abdo perusti oman rikollisjenginsä, joka sai nimen *Rumba*.
Abdon ja Majidin Keskinäinen kahnaus laajeni Foxtrotin ja Rumban väliseksi jengisodaksi.

Ismail Abdon lempinimi *Jordgubben*, Mansikka, viittaa hänen sukunsa yhä toimivaan ja varsin menestyksekkääseen marjabisnekseen.
Abdon kerrotaan nuoruudessaan myyneen mansikoita Uppsalan torilla.

Mikä on *kultainen passi*?
Kultainen passi -ohjelma tarjoaa mahdollisuuden ostaa maan kansalaisuuden. Luvan ostaminen tapahtuu ostamalla maasta tietyn hintainen talo tai tekemällä suuren investoinnin tai lahjoituksen.
Turkin kultainen passi maksaa noin puoli miljoonaa euroa.

Kultainen passi tuo pääsyn moniin EU:n jäsenyyden etuihin, kuten vaikkapa vapaaseen liikkuvuuteen maiden välillä.
Euroopan komissio on kehottanut EU:n hallituksia lopettamaan kansalaisuuden myymisen.

Ismail Abdo, "Mansikka" tuomittiin vuonna 2016 viiden ja puolen vuoden vankeuteen laittomien aseiden hallussapidosta ja törkeästä huumausainerikoksesta. Vuonna 2022 Abdoa epäiltiin sadan amfetamiinikilon salakuljetuksesta.

Välttääkseen vankilatuomion Abdo pakeni Turkkiin.
Turkin poliisi pidätti Abdon toukokuussa 2024, mutta Abdo vapautettiin 20 000 liiran (570 euron) takuita vastaan.

Maaliskuussa 2023 Abdon epäillään yrittäneen kaapata itselleen vallan rikollisessa Foxtrot-verkostossa.

Abdon arvellaan tilanneen Majidin salamurhan, jonka tekijöiksi palkattiin Abdolle suosiollisia ruotsalaisia jengiläisiä.

Abdon vallankaappausyritys epäonnistui totaalisesti.

Maaliskuun 17. päivänä vuonna 2023 Istanbulissa sijaitsevalla hienostoalueella tapahtui ammuskelu. Erään kahvilan terassilla istuvaa seuruetta kohti ammuttiin. Seurue ei perääntynyt tai paennut, vaan miehet alkoivat raivokkaasti ampua takaisin.

Ammuskelussa loukkaantui yksi ja kuoli yksi, molemmat olivat ruotsin kansalaisia ja molemmilla oli kytköksiä Ismail Abdoon, eli Mansikkaan.

Kaiken kaikkiaan Turkin poliisi pidätti viisi ruotsalaista miestä epäiltynä salamurhaiskusta.
Kaikilla viidellä miehellä oli kytköksiä ruotsalaisiin rikollisjengeihin

Epäonnistuneen murhayrityksen jälkeen Foxtrotin sisäinen jengisota leimahti totaaliseen roihuun ja kahden entisen ystävän välinen verinen valtataistelu kiihtyi äärimmäisen julmaksi.

Jengisodan ensimmäisen kuukauden aikana, syyskuussa 2023, Ruotsissa tapettiin 12 ihmistä. Ketään ei säästetty.

Molemmat jengijohtajat olivat Turkissa, mutta silti julmat verikostot huipentuivat Uppsalassa syyskuussa 2023, kun Ismail Abdon 58-vuotias äiti ammuttiin hengiltä.
Äidinmurhan tilaajaksi epäillään Rawa Majidia.

Lisäksi Rawa Majidin epäillään olevan kahden 14-vuotiaan lapsen äärimmäisen raakalaismaisten kidutusmurhien tilaaja. Kahden lapsen kidutusmurhat järkyttivät Ruotsia syksyllä 2023.

Rawa Majidin lempinimi *Kurdiska räven, Kurdilainen kettu*,
tulee ilmeisesti hänen johtamansa
rikollisverkoston nimen mukaan: *Foxtrot.*

Majid ei nimennyt rikollisjengiään itse, vaan
nimi on poliisin antama nimi.
Poliisi käytti aikoinaan tutkinnassaan
Majidin huumejengistä salaista koodinimeä FOXTROT.

Majid on teettänyt jenginsä jäsenille tunnuskoruja, kultaisia kettusormuksia. Jengin jäsenet ovat esitelleet korujaan somessa. Julkinen pröystäily kettusormuksilla on auttanut Ruotsin poliisia tunnistamaan ja ottamaan kiinni jengiin kuuluvia rikollisia.

Terroristiepäily.
Toukokuussa 2024 uutisoitiin, että Iran olisi rekrytoinut kaksi ruotsalaista rikollisryhmää tekemään terrori-iskuja Euroopassa.
Terroristeiksi värvättyjen rikollisjengien johtajat ovat Rawa Majid (Foxtrot) ja Ismail Abdo (Rumba).

RUOTSIN TIE

Ruotsissa rikolliset katujengit ja jotkut klaanit ovat levittäytyneet kaikkialle maahan. Rikolliset ryhmittymät pyrkivät ottamaan laillista toimintaa haltuunsa. Rikolliset klaanit ja jengit omistavat rakennusliikkeitä, lääkäriasemia ja joillakin paikkakunnilla erilaiset rikolliset järjestöt ovat ottaneet kokonaisten kuntien poliittiset elimet hallintaansa.

Ruotsissa jengirikolliset ovat syvällä poliittisissa rakenteissa. Rikollisryhmät ovat onnistuneet soluttautumaan lailliseen liiketoimintaan ja yhteiskunnalliseen päätöksentekoon.

Södertäljen kaupungin sanotaan olevan kokonaan erään rikollisen klaanin hallussa.
Syyskuussa 2014 Tukholman Svean hovioikeus vahvisti, että Södertäljessä on olemassa kaupunkia hallitseva rikollisjärjestö.

Rikollisella yhteisöllä on kattava valtarakenne ja sillä on yhä vahvistuvia vaikutuksia Södertäljen alueen politiikkaan ja hyvinvointiyhteiskuntaan.
Rikollinen organisaatio lisää valtaansa Södertäljessä koko ajan, eivätkä ruotsalaiset oikeusviranomaiset ole kyenneet pysäyttämään huolestuttavaa kehitystä. Rikollinen organisaatio on päässyt kaivautumaan liian syvälle Södertäljen yhteiskunnallisiin rakenteisiin.

Ruotsissa on myös muita alueita, joita Södertäljen tapaan pidetään rikollisten jengien hallitsemina alueina.
Näillä alueilla poliisilla tai muilla ruotsalaisilla viranomaisilla on vähän tai ei lainkaan valtaa.
Tällaisia kaupunginosia löytyy ainakin Tukholmasta, Malmöstä ja Göteborgista.

Rikolliset pakottavat viranomaiset työskentelemään puolestaan pääsoin kolmella tavalla:
uhkailemalla, kiristämällä tai istuttamalla oikeat, rikollismieliset henkilöt oikeille paikoille työyhteisöissä.

RUOTSIN TIE

Ruotsin eri viranomaistahojen vuonna 2023 yhteisesti julkaiseman raportin viesti on kylmäävä.

Raportissa todetaan, että Ruotsin yhteiskuntajärjestystä uhkaava rikollisuus on todennäköisesti lisääntynyt.

Sosiaalialalla tukien kääriminen on tyypillistä rikollisten toimintaa.

Rikollisten perustamissa yksityisissä lääkärikeskuksissa määrätään lääkkeitä perusteettomasti.

Erityisesti huumausaineiksi ja kauneudenhoitoon soveltuvien lääkkeiden rikollinen määrääminen on lisääntynyt.

> Rikolliset hankkivat itselleen pankkitunnuksia.
> Tunnukset voidaan hankkia lahjomalla, kiristämällä, uhkailemalla tai vain sillä, että kuuluu samaan rikolliseen yhteisöön.
> Lisäksi on tavallista, että sukulaiset antavat pankkitunnuksensa rikollisen sukulaisen käyttöön.
> Pankkitunnusten avulla jengit pesevät ja siirtävät rikollisuudella saatuja varoja ulkomaille.

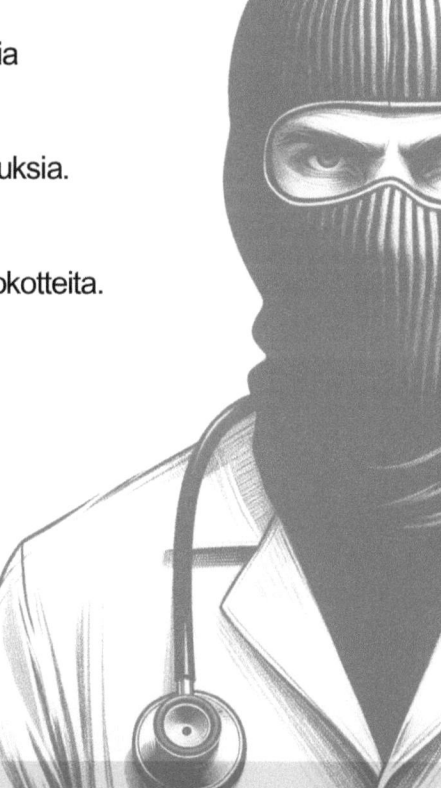

Rikollisten jengien lääkäriasemat ovat ongelma. Ruotsalaiset rikollisjengit ja klaanit perustavat omia lääkäriasemiaan. Näillä lääkäriasemilla myydään koronatodistuksia ja muita lääkärintodistuksia. Todistuksia saa ostaa ilman minkäänlaisia tutkimuksia.

Rikollisten jengien omistamilla lääkäriasemilla on myös myyty väärennettyjä tai jopa olemattomia rokotteita.

Rikolliset piiloutuvat poliisilta monin keinoin. Yksi laillinen keino on hankkia itselleen suojattu osoite ja suojatut asuinpaikkatiedot. Silloin henkilön löytämisestä tulee hankalampaa.

Toinen nimeen liitetty huijauskeino on vaihtaa nimi mahdollisimman tavalliseen, ruotsalaiselta kuulostavaan nimeen, jolloin rikollisen on helppo piiloutua massaan.

JENGIT KOULUISSA

Jengilapset aiheuttavat vaaratilanteita ruotsalaisissa kouluissa. Varakkaat ruotsalaiset laittavatkin lapsensa mieluummin kalliisiin yksityiskouluihin kuin ilmaiseen ruotsalaiseen peruskouluun.

Jengirikollisuus on vahvasti läsnä monessa ruotsalaisessa koulussa ja moni pieni koululainen on jengirikollisen lapsi.
Ruotsissa räjähdysmäisesti lisääntynyt jengiväkivalta on johtanut siihen, että jengiläisten lapsilla on kuoliaaksi ammuttuja tai puukotettuja isiä, veljiä, serkkuja ja muita sukulaisia.
Opettaja kertovat koululaisista, jotka kouluun tullessaan sanovat, että heillä ei ole kotia, minne mennä, koska räjähdys tuhosi kotitalon rappukäytävän, eikä kodissa ole turvallista asua.

Ekaluokkalaiset puhuvat sujuvasti aseista ja niiden ominaisuuksista.
Lapset pohtivat sitä, minkälaisella aseella veli ammuttiin. Oliko ase Luger vai Beretta? Kuoliko heti? Osuiko päähän? Oliko ampujalla Kalashnikov?

Katujengiläiset vaikuttavat nykyään jopa koulujen opettajien turvallisuuteen.
Katujengien kunniakulttuurissa jo pelkkä katse saatetaan tulkita kunnianloukkaukseksi. Ruotsissa opettajia on pahoinpidelty sen takia, että oppilas on kertonut opettajan katsoneen lasta oudosti.
Jengivanhempi on tällöin saattanut todeta opettajan loukanneen lapsen kunniaa, ja kunniakulttuurissa kunnianloukkaukset on kostettava.

Katujengiläisten aiheuttama pelon kulttuuri näkyy myös kouluarvosanoissa. Jengiläisten lapsille annetaan hyväksyttyjä arvosanoja, vaikka heidän osaamisensa olisi ala-arvoista.
Pelon takia jengiläisten lapsien käytökseen ja koulumenestykseen ei aina uskalleta kouluissa puuttua.

LAPSISOTILAAT

Jengit rekrytoivat lapsia.
Ruotsissa on huomattu, että rikolliset katujengit
rekrytoivat riveihinsä yhä nuorempia teinejä ja jopa lapsia.
Nuorimmat katujengeihin rekrytoidut ovat olleet vasta 8-vuotiaita.

Jengit tarvitsevat uusia jäseniä korvaamaan vangittuja
ja tapettuja rikollisjengiläisiä. Lisäksi jengit tarvitsevat lapsia
kuljettamaan ja säilyttämään huumeita ja aseita.

Katujengien rekrytoijat roikkuvat koulujen ulkopuolella.
He tarkkailevat lapsia nähdäkseen, erottuuko
joku joukosta, onko joku lapsi erityisen vilkas ja rohkea?
Sopiiko lapsen luonne katujengin käyttöön?
Jalkapallokentätkin ovat suosittuja rekrytointipaikkoja.
Nurmikenttien laidalla norkoilevat monet katujengirekrytoijat.

Monet lapset ja nuoret suorastaan jonottavat
päästäkseen katujengin jäseneksi.
Katujengijäsenyys on kovassa kurssissa erityisesti lasten keskuudessa.
Jengijäsenyys tuo statusta.

10-vuotiaat lapset lähettävät katujengeille työnhakuvideoita.
Videoilla lapset esittelevät rikollisia
ja väkivaltaisia taitojaan.

RUOTSIN TIE SVERIGES VÄG

TAPPOLISTA

Puuttuvat lapset.

Uppsalan koulujen alkaessa syksyllä 2023, moni pulpetti seisoi tyhjillään. Kouluista puuttui lapsia.

Koulut eivät olleet saaneet minkäänlaista ilmoitusta tai ennakkovaroitusta lasten poissaolosta tai siitä, että perheet olisivat muuttaneet.

Lapset vain jättivät tulematta, katosivat.

Göteborgilaisesta Sjumilaskolanista puuttui syyslukukauden alkaessa kokonaiset 36 oppilasta.

Pikkuhiljaa alkoi tihkua tietoja, että kadonneet lapset olisivat jengirikollisten läheisten ja sukulaisten lapsia. Vanhemmat olivat lähteneet pakoon jengisotaa, jossa kaikki läheiset ja sukulaiset olivat luvallista riistaa.

Ruotsin jengisodissa alettiin tappaa katujengiläisten sukulaisia toden teolla vuonna 2022.

Uppsalassa käynyt oppilaskato selittyi sillä, että kaupunki on raakaa jengisotaa käyvien, raskaasti rikollisten Majidin ja Abdon entinen kotikaupunki. Kaupungissa asuu paljon katujengirikollisia ja heidän sukulaisiaan. Ruotsissa alettiin siirtää lapsia turvaan, tappavaa jengisotaa haluttiin pakoon.

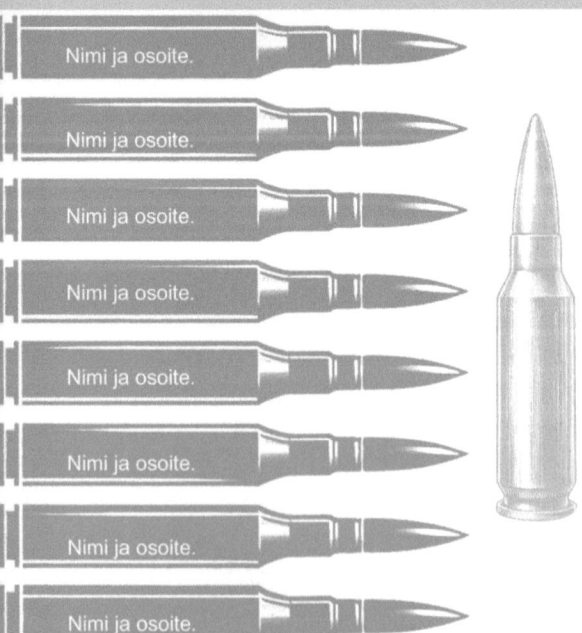

Erityisesti vanhempia ja sukulaisia huolestutti niin kutsuttu Dödslistan - Tappolista

Somessa kiertävälle Tappolistalle oli kirjattu kaikki, jotka piti tappaa.

Listaan oli merkitty tapettavan katujenginimi, hänen oikea nimensä ja hänen viimeisin, tiedetty osoitteensa.

Listaa päivitettiin sitä mukaa, kun joku tapettiin tai kun saatiin uusi tappokäsky.

Listalla oli myös useita kouluäisiä nuoria.

Ruotsalaisten jengijohtajien omaiset pakenevat Ruotsista.
Niin ovat tehneet myös jengijohtajat itse.
Rawa Majid ja Ismail Abdo asuvat molemmat ulkomailla, myös heidän omaisensa ovat karistaneet Ruotsin pölyt jaloistaan.

Jengirikollisten omaiset ovat anoneet poliisilta
suojelua, mutta Ruotsin poliisilla ei
ole riittävästi resursseja suojalle jengirikollisten sukulaisia.
Ruotsissa on liikaa jengirikollisia.

Poliisin edustaja kertoi mediassa, että pelkästään Uppsalassa on niin paljon jengirikollisia ja jengirikollisten omaisia ja läheisiä, ettei Uppsalan alueen poliisien määrä riittäisi suojelemaan heitä.
Ei, vaikka jokainen poliisi komennettaisi suojelutyöhön.
Ruotsissa on jengirikollisia niin paljon, että poliisi alkaa olla voimaton.

Jengirikollisen läheiselle ei riitä pakeneminen Ruotsin rajojen sisällä.
Heidän on paettava ulkomaille ollakseen edes jollakin tasolla suojassa. Ruotsalaisten jengirikollisten omaiset lähtevät koko perheen voimin - tai vaihtoehtoisesti ulkomaille lähetetään vain perheen lapset.

Ruotsalaisten jengirikollisten sukulaisilla on syytäkin pelätä, sillä jengijohtaja Ismail Abdon äiti ammuttiin kuoliaaksi syyskuun alussa vuonna 2023. Abdon äidinmurhan tilaajaksi epäillään Rawa Majidia.

Kylmä todellisuus Ruotsissa on se, että lapset joutuvat pakenemaan tappavaa väkivaltaa. Väkivaltaa, jonka pysäyttämiseen poliisi ei kykene. Jengirikollisia pannaan jatkuvasti telkien taakse, mutta se ei auta. Vangittujen tai tapettujen katujengijohtajien tilalle on tulossa tusinoittain uusia.

JENGILUKSUS

Katujengit omivat luksustuotteita symboleikseen. Samalla jengit antavat luksusmerkkien nimille omaan, jengin liittyvän merkityksen.
Tässä muutama esimerkki.

Latin Kings
Akademiks – AKDMKS means Almighty Kings Destroy ManiaKS
FuBu – 05 Represents the 5 points of the Latin King Crown

Bloods
Calvin Klein – Crip Killer
Nike – Niggas Insane Killing E-Ricketts
Burberry – B for Bloods; Colors are Red, Tan, Black
Mecca – Murder Every Crip Child Alive
Reebok – Respect Each and Every Blood OK

Vice Lords
Louis Vuitton – The V logo looks like VL for Vice Lords

Crips
British Knights – Blood Killers
Coco Chanel – C backward C represent Crips

Ñetas
UnderArmour – UA stands for United Association
Nooka – Netas On One Killing All

KATUJENGIT
SYMBOLIT

Tässä luvussa tutustutaan
katujengien käyttämiin erilaisiin symboleihin
ja niiden merkityksiin.

RIKOLLISET KAUTUJENGIT RIKOLLISET KAUTUJENGIT RIKOLLISET KAUTUJENGIT RIKOLLISET KATUJENGIT RIKOLLISET KAUTUJENGIT ET KAUTUJENGIT

GRILLS
Koristeelliset hammassuojat

Hammaskoristeista on löydetty todisteita muinaisista haudoista, kyse ei siis ole uudesta keksinnöstä. Modernin ajan hammaskoristeinnostus alkoi New Yorkin hip-hop yhteisöissä 1980-luvulla. Aluksi hampaita koristeltiin yksittäisillä jalokivillä, nykyiset hammaskoristeet - *grills* - ovat kasvaneet valtaviksi, jopa miljoonan dollarin arvoisiksi viritelmiksi.

Koristeellisista hammassuojista on tullut menestyksen merkki gangstarapin ja hiphopin maailmassa. Näyttävät grillsit kiinnostavat myös katujengiläisiä, ovathan grillsit todiste ökyrikkaudesta: kun ei enää löydä muuta ostettavaa, on tullut aika peittää hampaat kullalla, smaragdeilla ja tietenkin timanteilla.

Gangstaräppärit, kuten Bloods-katujengi yhteyksistään tunnettu Lil Wayne, ovat innostunut grillseistä.

Toinen räppäri, Vice Lordsiin yhdistetty Paul Wall, on tehnyt grillseistä bisneksen. Paul Wall on monen jengiläisen *grillz* hovihankkija.

Wallsin grillsit ovat haluttuja julkkisten keskuudessa. Kanye West ja Paris Hilton ovat hankkineet Paul Wallsin grillsit..

Kalliit grillsit valmistetaan aina käsityönä.

Grillseissä suositaan kultaa, koska kulta on pehmeää ja kullasta löytyy moneen hintaluokkaan sopivia vaihtoehtoja.
24k (k=karaatti) kulta on puhtaampaa ja sen takia kalliimpaa.
8k tai 14k kulta ovat edullisempia vaihtoehtoja.

Halvempi kulta ei ole häpeä, kukaan ei pysty katsomalla päättelemään, miten puhdasta kultaa grillseihin on käytetty.
Platina taas on aina kallis vaihtoehto, koska se on harvinainen metalli.
Hopeaakin käytetään grillseissä, mutta hopea ei ole niin kestävää.
Hopean sanotaankin sopivan parhaiten grillseihin, joita käytetään *statementina*, julkilausumana. Hopeisia grillseja käytetään vain muutaman kerran.

Grillsien hintaa rajoittaa vain ostajan lompakon paksuus.
Muutamalla kympilläkin pääsee alkuun, nettikaupoissa on
tarjolla edullisia ja näyttäviä grillsejä.

Jos on valmis laittamaan grillseihin muutama sata euroa, silloin saa jo hyvännäköisen ja laadukkaan valmistuotteen.

Hammaskoristeiden tehtävä on tehdä vaikutus.
Monet maailman tunnetuimmista artisteista
esittelevät mielellään
kalliita grillsejään.

Madonnalla ja Miley Cyruksella
on nähty kalliita hammaskoristeita,
myös Rihannan hymyä
koristaa välillä välkkyvät grillsit.

Kalleimmat grillist ovat
poplaulaja Katy Perryn grillsit.

Musiikkivideolla
Dark Horse Katy Perryn
hampaita peitti ja koristi
miljoonan dollarin
arvoiset grillsit..

JENGIVAATTEET & AATTEET

Yllättävää kyllä, yli puolet nykyisten superjengien jäsenistä kertoo, että jengipukeutuminen ei enää tunnu hyvältä ajatukselta.
Monet jengien jäsenet kokevat, että jengivaatetus tekee heistä jengistereotypioita, eivätkä he halua olla sellaisia.

Tiukka omistautuminen jengisymboleille on enemmän katujengien nuorimpien jengijäsenten suosiossa.
Nuoret haluavat ilmaista jengijäsenyytensä vaatteiden avulla.

Vanhemmat jengin jäsenet taas eivät koe luontevaksi käyttää jengibandanaa julkisesti tai pukeutua samanlaisiin roikkuviin vaatteisiin joka päivä.

Nykyään äärimmäinen jengipukeutuminen kuuluu musiikkivideoihin ja erityisesti somemaailmaan.
Videoilla ja somessa halutaan erottautua tietyksi jengiksi, koska se on tehokas keino rekrytoida uusia jengijäseniä.

Uusille jengijäsenille tyypillinen jengipukeutuminen taas on houkuttelevaa, koska se vahvistaa heidän kuuluvan johonkin, se vahvistaa, että heillä on takanaan ja tukenaan tiettyyn katujengiin liitetty väkivaltamonopoli.

KATUJENGIT JA URHEILU

Katujengejä ja urheilujoukkueita yhdistää se, että molemmissa ryhmissä pukeudutaan joukkueen väreihin.
Logot ja värit edustavat yhteenkuuluvuutta ja myös uskollisuutta.
Tunnusta väriä!

Monet katujengit ovat valinneet tietyt urheilujoukkueet omikseen: samantyyppisen ryhmän toimintaan on helppo samaistua.

Taustalla on myös urheilujoukkueiden aitojen fanituotteiden kalleus.
Aivan kuten lainkuuliaisille kansalaisillekin, luksustuotteet ovat merkki menestyksestä myös rikollisissa katujengipiireissä.
Kalliin fanituotteen omistaminen tarkoittaa, että omistajalla on ollut varaa hankkia tuote.
Rikollinenkin haluaa näyttää rikkaalta.

JÄÄKIEKKO
Tampa Bay Lightning: Gangster Disciples
Los Angeles Kings: Latin Kings
Chicago Blackhawks - People Nation Gangs

BASEBALL
Minnesota Twins - Maniac Latin Disciples
Cincinnati Reds - Bloods
Los Angeles Dodgers – Crips

BASKETBALL
Seattle Mariners – Crips
Chicago Bulls – Vice Lords
Georgetown Hoyas – Black disciples

AMERIKKALAINEN JALKAPALLO
Kansas City Chiefs – Bloods
Dallas Cowboys - Crip
New Orleans Saints - Folk Nation Gangs

JENGIPYHÄT

Jengit ovat yhteisöjä, aivan samalla tavalla kuten ovat urheiluun tai uskontoon perustuvat yhteisötkin. Rikollisten katujengiyhteisöjen jäsenet vain sattuvat muodostumaan ihmisistä, jotka kaikki hyväksyvät rikollisuuden ja rikollisen elämäntavan.

Aivan kuten muillakin yhteisöillä, rikollisilla jengeilläkin on omat rituaalinsa, joiden avulla jengit vahvistavat jäsentensä yhteenkuuluvuuden tunnetta.

Katujengien rituaalit tarjoavat jengin jäsenille tilaisuuden kokoontua yhteen. Rituaalit auttavat määrittelemään rikollisen jengiyhteisön omaa identiteettiä ja sitä, mikä kullekin katujengille on tärkeää.

Rituaalit ovat symbolisia tekoja, jotka korostavat arvoja, perinteitä ja historiaa. Latin Kings -jengin kokoontumisissa rukoillaan jengin omia rukouksia ja Bloods-jengin juhliin tullaan kokonaan punaisissa vaatteissa.

Myös rikollisten jengiläisten elämässä tapahtuu muutoksia, kuten syntymiä, kuolemia ja eri elämänvaiheiden siirtymiä. Katujengien sisäiset rituaalit auttavat tekemään siirtymistä merkityksellisiä samalla kun rituaalit tarjoavat katujengiläisille tilaisuuden ilmaista tunteitaan: kiitollisuutta, surua tai iloa.

JENGIPYHÄT

Säännölliset rituaalit tuovat katujengin jäsenet yhteen, jolloin jengiläisten keskuudessa vahvistuu tunne, että kuuluumme jonnekin, olemme osa jotakin suurempaa.

Katujengien jäsenet ovat katujengien tärkein osa; ilman jäseniä ei ole katujengiäkään.

Katujengien rituaalien tarkoitus on kunnioittaa ja huomioida katujengin jäseniä ja samalla tarjota lohtua, tukea ja yhteisöllisyyttä.

Katujengeillä on omat juhlapäivänsä.
Tällaisia päiviä kutsutaan nimellä *"Hood Day"* - eli hoodipäivät.
Näinä päivinä juhlitaan jengin omalla alueella – hoodilla – ja juhlinta tapahtuu jengin omin juhlamenoin.

Kaikilla suuremmilla tai muodollisesti toimivilla jengeillä on oma jengin kansallinen juhlapäivä. Virallisina juhlapäivinä jokaisen jengin jäsenen on saavutettava paikalle.

Jengin virallisiin juhliin osallistuminen on pakollista, koska kyseessä on kunnian osoittaminen jengin johtajalle ja joskus myös jengin kuolleille jäsenille.

Jengin jäsentä, joka ei näyttäydy virallisissa juhlissa, odottaa kova rangaistus. Hänet saatetaan hakata brutaalisti tai erottaa jengistä. Siksi kaikki kynnelle kykenevät jengijäsenet ilmestyvät jengin virallisiin juhliin.

Poliisi on usein tarkkailemassa juhlia - ja varsinkin juhliin osallistuvia henkilöitä.

Katujengien virallisissa juhlissa on otettu kiinni ja pidätetty epäiltyjä ja etsintäkuulutettuja henkilöitä, jotka ovat vannoneet, että heillä ei ole mitään tekemistä jengin kanssa.

Seuraavilla sivuilla on muutamia esimerkkejä rikollisten katujengien pyhäpäivistä.

TAMMIKUU
3. pvä
Gang Hood Day/Gang Holiday
135 Street Piru

6. pvä
King Holy Day
Latin Kings jengin jäsenten kunnioittavat
kuolleita jengisiskojaan ja jengiveljiään
päivän mittaisella paastolla.

HELMIKUU
2. pvä
Gang Hood Day/Gang Holiday
Dodge City Crips

11. pvä
Stone's Nation Day
Yleinen juhlapäivä, jossa juhlitaan
Black P Stone Nation katujengin
olemassaoloa.

MAALISKUU
Kuukauden ensimmäisellä viikolla
vietetään Latin Kings jengin
Week of the Sun/Kings's Week -juhlaa.
Auringon viikko/Kuninkaan viikko.
Juhlinta kestää koko viikon.

30.päivä
The Ñetas kunnioittaa
marttyyriaan, Carlos Torres Irriartea.
The Ñeta Association vankilajengin
perustaja Carlos Torres Irriarte
murhattiin 30.3.1981.

JENGIPYHÄT

HUHTIKUU

27. päivä. Laughlin, Nevada, 2002
River Run:
Hells Angels vs. Mongols
Tapahtumapaikka: *Laughlinin pikkukaupunki* Joka
vuoden huhtikuussa Laughliniin saapuu
70 000 motoristia River Run-ajoon.
Vuonna 2002 kaupunkiin saapui pahamaineiset Hells
Angels ja Mongols.
Liivijengien välille syttyi väkivaltainen tappelu.

Kolme ihmistä kuoli: Mongol-kuski Anthony Barrera, 43
ja kaksi Hells Angels-jäsentä; Jeramie Bell, 27, ja
Robert Tumelty, 50.

Yleisesti ajatellaan, että Hells Angels voitti tappelun,
koska tappelun lopuksi Mongol-kuskit piilottivat
jengiliivinsä roskakoreihin, jotta poliisi ei tunnistaisi heitä
Mongol-jengin jäseniksi.
Hells Angels jengiläiset taas kantoivat
värejään ylpeinä katkeraan loppuun saakka.
Lopulta seitsemän Hells Angels jäsentä ja kuusi Mongol
jäsentä sai vankilatuomion.

TOUKOKU

24 pvä
Syntymäpäivä: David "King David" Barksdale
(24.5.1947 – 2.9 1974) Black Disciple Nation-jengin
perustaja. King Dave oli chicagolainen rikollinen, mutta
myös aktivisti.

King Dave järjesti hoodinsa köyhille lapsille
ilmaisia aamiaisia ja hänen marssi
Martin Luther King Jr seurueen mukana.

Barksdale kuoli ampumisen aiheuttamaan munuaisten
vajaatoimintaan.

JENGIPYHÄT

KESÄKUU
6. pvä Crip Day, Crip Päivä.
Päivä on määritelty päiväksi, jolloin
Crips-jengi perustettiin. Tänä päivänä
cripsiläiset harrastavat toimintaa, jota he kutsuvat
flag:iks, eli liputtamiseksi.
Tarkoitus on liputtaa Crips-jengin värejä ja
samalla muistuttaa kaikkia vastaantulijoita
Crips-jengin olemassaolosta.

Joka tänä päivänä liikkuu Crip-alueella
pukeutuneen punaiseen, saa turpiinsa.
Punainen on cripsiläisten pahimman vihollisen,
Bloods-jengin väri.
Punaisen värin pitäminen Crips Päivänä on
äärimmäisen epäkunnioittava teko.

Asiasta varoitetaan etukäteen:
Tomorrow's Crip day, don't wear red!
Huomenna on Crip Päivä, älä pue punaista!

HEINÄKUU
6th - East Coast Bloods -jengi luotiin.
Päivä on merkittävä, koska Bloods on tunnettu USA:n länsirannikolla
operoivana katujenginä. East Coast Bloodsin perustaminen tarkoitti Bloodsille
kokonaan uuden alueen, Yhdysvaltain itärannikon, valtaamista.

ELOKUU
23. Pvä Gustavo *"Lord Gino"* Colon on Latin Kings -jengin ylimpiä johtajia.
Colonin piti vapautua vankilasta vuonna 1997.
Lord Ginon vapautumispäivänä jengi lähetti limusiinin vankilan ulkopuolelle
odottamaan. Tarkoitus oli kuljettaa Gustavo komealla kyydillä takaisin kotikaupunkiin,
Chicagoon. Colon ei kuitenkaan koskaan päässyt limusiiniin saakka.

Gustavo Colon pidätettiin uudelleen ennen kuin hän edes ehti
Menard Correctional Facility-vankilan muurien ulkopuolelle.
Tämä pidätys päättyi siihen, että Gustavo Colon sai elinkautisen tuomion.

SYYSKUU

Räppäri Tupak Shakur kuolee 13.9.1996
Rap-muusikkoa ja näyttelijä Tupac Shakuria ammuttiin
Las Vegasissa, Nevadassa 7. 9.1996 klo oli 23.15.
Shakuria kuljettanut auto pysähtyi punaisiin valoihin ja
Shakuria kohti ammuttiin useita kertoja .40-kaliiberisella Glock-pistoolilla.
Shakuriin osui neljä luotia; kaksi rintaan, yksi reiteen ja yksi käsivarteen.
Yksi luodeista lävisti hänen oikean keuhkonsa. Shakur kuoli sairaalassa
sisäiseen verenvuotoon kuusi päivää ampumavälikohtauksen jälkeen.
Crips-jengin arveltiin olevan vastuussa Shakurin murhasta.

27 vuotta Tupac Shakurin murhan jälkeen, 29.9.2023, poliisi pidätti Crips-jengin
jäsenen, Duane "Keefe D" Davisonin osallisuudesta Tipac Shakurin murhaan.

LOKAKUU

17. pvä vuonna 1931 Al Capone joutui vankilaan.
Gangsterijohtaja Al Capone, aikansa tunnetuin ja julmin
gangsteri, tuomittiin vankeuteen verorikoksista
17.10.1931. Capone sai 11 vuoden tuomion. Al Capone
kuoli kotonaan, Floridan Palm Islandissa vuonna 1947.
Capone oli kuollessaan 48-vuotias.

MARRASKUU

5. pvä Syntymäpäivä: Larry "King Shorty" Freeman (1951–2012)
Black Disciple Nation -katujengin perustaja.
Freeman oli äärimmäisen väkivaltainen jengijohtaja.

Häntä epäiltiin useiden murhien, jopa kymmenien murhien, tilaamisesta.
Viranomaiset eivät koskaan onnistuneet löytämään todisteita, eikä Freemania
koskaan tuomittu murhista.

Freeman vietti kuitenkin useita vuosia vankilassa tuomittuna aseellisesta
ryöstöstä ja lukuisista huumerikoksista. Freeman muistetaan tyylistä, johon
kuului sininen verryttelypuku, korkeakorkoiset kengät, suuret kultakorut ja
Rolex-kello.

30 pvä.
Syntymäpäivä: Larry "King Hoover" Hoover (s. 1950).
Gangster Disciples and Folk Nation –jengien perustaja.
Hoover istuu parhaillaan (2024) kuutta (6) elinkautistuomiota
Coloradossa, ADX Florence -vankilassa.
Chicagolainen räppäri Kanye West on jo vuosikausien ajan puhunut
Hooverin vapauttamisen puolesta.

SITOUDU JENGIIN

Rikollisilla katujengeillä on omat tapansa sitouttaa jäsenet jengiin.

Jengiläisille annetaan kuvaavia ja imartelevia lempinimiä,
kuten SlyFox – ovela kettu tai JoeyBrains – Joey Aivot.

Jengin graffiteja maalataan kaupungin seiniin jengin alueiden merkeiksi.
Näin jengin jäsen kaupungilla liikkuessa tuntee omistavansa alueen.
Seiniin saatetaan maalata myös pitkiä salakirjoitusviestejä.

Lisäksi jengeillä on salaisia käsimerkkejä ja tervehdyksiä,
omanlaista kävelytyyliä, salakirjoitusta ja tatuointeja.

Monella katujengillä on vihkoja, joihin on kirjattu
katujengin salaiset koodistot.

Tällaisen monimuotoisen symboliikan tarkoitus
on luoda illuusio siitä, että katujengillä on oma,
itsenäinen ja oikeutettu maailmansa.

Maailma, jossa on omat vaatteet, oma kieli ja omat säännöt.
Nimenomaan säännöt: jengien omat säännöt ovat
tärkeämpiä kuin yhteiskunnan säännöt.

Katujengin symboliikan ja rituaalien
tarkoitus on sitouttaa nuoret
rikollisten katujengien
maailmaan.

RIKOLLISET KAUTUJENGIT RIK
RIKOLLISET KATUJENGIT
LI LISET KATUJENGIT

ROADMAN

Roadman-kulttuuri alkoi Britanniasta, erityisesti Lontoon kaduilta. Vaikka roadmanilaisuus liitetään katurikollisuuteen, se on samalla myös sisäsiisti elämäntapa ja identiteetti.

Kaikki roadmanit eivät ole rikollisia. Joillekin roadmaniuus on elämäntapa, joka tarkoittaa tiettyä pukeutumistyyliä, slangia ja käyttäytymistä.

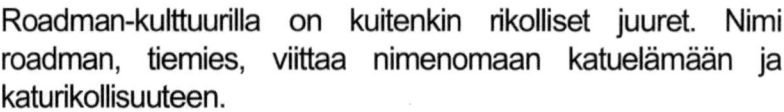

Roadman-kulttuurilla on kuitenkin rikolliset juuret. Nimi roadman, tiemies, viittaa nimenomaan katuelämään ja katurikollisuuteen.

Kun Lontoossa 1990-luvulla alettiin lisätä valvontakameroiden määrää, katujenginuorison oli keksittävä pukeutumistapa, joka suojaisi heidät kameroiden valvovilta katseilta.

Apu löytyi markettien halvoista, mustista collegehuppareista ja mustista collegehousuista. Vaatteiden ansiosta kamerat saivat vangittua vain täsmälleen samanlaisiin, kokomustiin ja peittäviin asuihin pukeutuneita katujengiläisiä.

Pikkuhiljaa roadmanit luopuivat halvoista markettiasuista, ja roadman pukeutumisesta tuli kulttuuri-ilmiö eikä pelkästään rikollisten katujengiläisten käyttämä peiteasu.

Roadmanit tunnetaan tummista, urheilullisista vaatteistaan, kuten Adidaksen tai Niken tuulipuvuista, lenkkareista sekä hoodieista.

Roadman-muodille on ominaista katu- ja urheiluvaatemerkkien sekoitus. Yleisiä vaatteita ovat verryttelypuvut, hupparit, baseball lippikset, tennarit (lenkkarit) ja puffer -takit. Puffer-takki on minkä tahansa toppatakkityyppinen takki, jonka toppaus on pulleaa.

Tyyli korostaa mukavuutta ja toimivuutta, ja tuotemerkit, kuten Nike, North Face ja Stone Island ovat myös suosittuja valintoja.

Jotkut roadmanit suosivat luksussuunnittelijabrändejä, kuten Guccia, Louis Vuittonia ja Balenciagaa.

ROADMAN

Roadman-kulttuurilla on oma erottuva slanginsa ja kielensä, joka sisältää termejä, jotka on johdettu Jamaikan *patoisista* ja Lontoon katuslangista.

Patois tarkoittaa jamaikankreolia, joka perustuu englantiin ja jossa on kielellisiä aineksia myös Länsi-Afrikan bantukielistä.

ROADMANSANASTOA

Mandem
Viittaa omaan jengiin, omiin ystäviin.

Bare
Paljon.
There were bare people at the party. Juhlissa oli paljon ihmisiä.

Ends
Oma alue, oma hoodi.

Safe
Ok tai kiitos. *Safe for the help. Kiitos avusta.*

Wasteman
Loukkaava termi, jolla tarkoitetaan, että joku on arvoton.

Bruv
Veli. Viittaa ystävään tai tuttavaan.

Peak
Epäonninen tai haastava tilanne.
That's peak, mate. Tuo on vaikeaa, kamu.

Gassed
Olla innostunut jostakin.

Skeen
Tarkoittaa, että on tajunnut, hyväksynyt jotakin.

Wavey
Tarkoittaa, että jokin on vaikuttavaa tai mahtavaa.

Peng
Viittaa johonkin haluttavaan, erityisesti ulkonäköön.

Jakes
Poliisi.

Chirpsing
Flirttailua.

Link up
Tapaaminen ystävien kesken.

TUNNISTETTAVUUS

Jengien jäsenet käyttävät jengin värejä osoittaakseen yhteenkuuluvuutta.
Jengiin kuuluminen nimittäin tarkoittaa, että henkilöllä on
väkivaltaa ja tukea taustallaan.
Jengin symbolit toimivat kahdella tapaa: ne tuovat kantajalleen turvaa ja
samalla ne ovat tehokas pelote ulkopuolisille.

Nykyään jengit ovat kuitenkin tulleet varovaisemmiksi
jengitunnusten näkyvän käytön suhteen.
Poliisin on helppo tunnistaa jengitunnuksia käyttävät
henkilöt rikollisten jengein jäseniksi.
Mikä pahempaa: jos kilpaileva jengi tunnistaa
kilpailijaksi, sitä saattaa seurata vakava
pahoinpitely tai pahimmassa tapauksessa jopa tappo.

Moni superjengi on alkanut suositella, ainakin jengin johtajille,
etteivät he käyttäisi näkyviä jengitunnuksia.

Aikaisemmin äärimmäisen väkivaltaisella
Mara Salvatrucha MS-13 jengiläisillä oli tapana
tatuoida kasvonsa kokonaan.
Nykyään tavasta ollaan
luopumassa nimenomaan
sen tunnistettavuuden takia.

JENGISANASTOA

Beat in

Beat in tarkoittaa hakkaamista, jonka kohteeksi jengiin liittyvä uusi jäsen joutuu.
Beat in tarkoittaa hakata sisään, eli kyseessä on katujengien initiaatioriitti

Sex in

Seksillä sisään. Viittaa naisten initiaatioriittiin, eli nainen joutuu harrastamaan
seksiä jengin jäsenten tai jengin johtajien kanssa päästäkseen mukaan jengiin.
Tätä tapaa pidetään nykyään myyttinä, joka ei koskaan olisi ollutkaan totta.
Sex in –initiaatiolla on kerskailtu, koska se on sopinut rikollisen jengimaailman
machoilua ja miehisyyttä tihkuvaan kulttuuriin.

Blood in, blood out

Verta sisään, eli verellä vannotaan uskollisuus katujengille.
Ja verta ulos, ainoastaan verellä pääsee pois - tällä viitataan kuolemaan.
Katujengijäsenyys on elinikäinen, vain kuolema vapauttaa jengijäsenyydestä

All is one. – Folk nation tervehdys
All is well. – People Nation tervehdys
What it B like. – Bloods tervehdys
Cuz – Crip tervehdys - Tulee sanasta "cousin", serkku.
Cripsiläiset kutsuvat toisiaan *cuzz*:eiksi.

BOS – beat on sight / hakataan nähtäessä.
SOS – shoot on sight / ammutaan nähtäessä
TOS – terminate on sight, lopetetaan, eli tapetaan nähtäessä
MOB - money over bitches – Rahat ennen narttuja, raha on
tärkeämpää kuin naiset.
Deuce deuce – 22. kaliiperin pistooli
Strapped – aseistettu
Gat – ase

RIKOLLISET KATUJENGIT RIK
RIKOLLISET KATUJENGIT

KLASSINEN GANGSTATYYLI

Valkoinen t-paita
Silmiä kirvelevän valkoinen t-paita kuuluu ikoniseen gangsta-tyylin. Varmista, että T-paidan hihat ylettyvät kyynärpäiden alapuolelle.

Puhtaus
Gangstayyliin kuuluu puhtaus. Housujen, paitojen, kenkien – kaiken tulee näyttää, kuin se olisi suoraan pakasta revästyiltä. Puhtaus koskee myös kenkiä. Jos tavoittelet klassista gangsta-ilmettä, hanki erittäin raikkaanvalkoiset Niket, Adidakset tai Pumat.

Roikkuvat hosut
Alushousut paljastavista, roikkuvista löysistä housuista tuli trendikkäitä rikollisjengiläisten keskuudessa, koska he halusivat osoittaa solidaarisuutta vankilassa istuville veljilleen. Vankien vyöt takavarikoitiin, minkä takia vankien housut roikkuivat puolitangossa. Katujengin vapaat jäsenet halusivat osoittaa yhteenkuuluvuutta, ja niin hekin riisuivat vyönsä. Tästä alkoi roikkuhousumuoti.

Bandana
Aikoinaan bandanat määrittelivät jengien värit. 1950-luvulla kaupoissa oli tarjolla vain kaksi väriä: punainen ja sininen. Oli siis valittava jompikumpi.

JENGIBANDANAOHJE:
Taita bandana noin 3 sormen levyiseksi ja sido bandana
pääsi ympärille.
Voit myös laittaa bandanan roikkumaan housujen takataskuista.
Bandanan voi myös sitoa ranteeseen.

Tunnusta väriä

Käytä urheilupaitoja. Amerikkalaiset urheiluseurat ovat suosituimpia; koripallo-, amerikkalainen jalkapallo-, baseball- ja jääkiekkoasut. Aitojen joukkuepaitojen houkutus on se, että ne ovat kalliita. Aidot fanipaidat viittaavat vaurauteen. Eikä tarvitse olla urheilufani, riittää kun valitsee pelipaidan, joka näyttää siistiltä. Myös suomalainen urheilujoukkue käy, kunhan värit sopivat jengisi tunnusväreihin.

Ajattomaan gangstatyyliin sopii myös urheiluvarusteet, kuten ranteen tai pään ympärillä käytetyt hikinauhat. Vaikka et urheilisi, hikinauhat saavat sinut näyttämään siltä, että voisit painella kentälle hetkellä millä hyvänsä.

Aito gangastilme kruunataan urheilulippiksellä.
Lippiksissä pitää olla litteä lippa ja tarrojen kuulu olla mukana – paitsi tietenkin hintaviivakooditarra, se pitää poistaa.
Tarrat hatussa viittaavat siihen, että hattu on upouusi, raikas ja kallis, eli omistajalla on varaa ostaa kalliita urheilufanituotteita.

Korut

Käytä kultaa tai hopeaa. Yhden pitkän ja paksun kulta- tai hopeaketjun käyttäminen luo klassisen gangstailmeen.

Mahdollisimman kiiltävät timantit tai muut jalokivet sopivat erinomaisesti ovat gangstalookiin. Mitä kiiltävämmät, sen paremmat. Kaulakorut, korvakorut, kellot, rannekorut ja sormukset ovat hyviä gangsta-asusteita.

Muista, että kaikkien korujen täytyy olla suuria, kiiltäviä ja räikeitä.
Aito gangsta ei käytä pientä, tyylikästä ja huomaamatonta, vaan ylisuuri bling-bling on tyylin ydin.
Gangsta ajattelee kaiken överisti.

ARGOT

Argot oli ranskaan perustuva, perinteisesti rikollisten keskuudessa käytetty kieli. Erilaiset varkaista koostuvat ammattikillat käyttivät kieltä viestiäkseen omien alaryhmiensä välillä.

Argot'n avulla rikolliset varmistivat, etteivät vanginvartijat tai muut viranomaiset ymmärtäisi heidän viestintäänsä.

Argotia on kutsuttu myös vihreäksi kieleksi. Nimitys tuli siitä, että aikoinaan pelihuijarit keskenään käyttivät salaista argot-kieltä pelatessaan vihreäverkaisen pelipöydän ääressä.

Argot oli kieli, joka liittyi läheisesti rikolliseen kulttuuriin. Kielen avulla rikollinen käsitteli vankilassa elämistä, rikollista käyttäytymistä, oikeustapauksia, katuelämää ja erityyppisiä vankeja ja vankiloita.

Argot rikosslangia löytyy myös erilaisista kirjallisista muodoista, kuten kirjeistä, päiväkirjoista, tatuoinneista, balladeista, lauluista ja runoista.

Rikollisesta perustarkoituksestaan huolimatta argot oli omalla tavallaan myös runollinen kieli. Entiset vangit käyttivät sanastoa kommunikaatioon myös vankilan muurien ulkopuolella. Argot oli sisäpiiriläisten kieli.

Rikolliset käyttävät yhä edelleen salakieltä. Vankilasalakielen erityispiirre on se, että siihen kuuluu monimutkainen ja jatkuvasti muuttuva, elävä sanasto.

Kielen nopea muuttuvuus ja muokkautuvuus takaa sanaston turvallisuuden ja lisää salassapidon mahdollisuuksia. Rikolliset muuttavat tärkeitä sanoja nopeasti, jolloin viestin sanoma pysyy tehokkaammin salassa. Heti kun joku ryhmän ulkopuolinen ymmärtää salaisen sanan, sana vaihdetaan toiseen

ARGOT

Salaista kieltä käytetään nykyään esimerkiksi gangstarapissa, ja erityisesti drill-rapissa, jolloin biisin sanoman ymmärtää vain ja ainoastaan sen vastaanottaja.

Salakielen käyttö drill-rapissa mahdollistaa myös sen, että rapin sanoituksiin voidaan kätkeä uhkauksia ja muita hyökkäykseksi tarkoitettuja väkivaltaisia viestejä.

> Poliisille ja muille rikollisten kanssa työskenteleville olisikin tärkeää osata ja ymmärtää erityisesti raskaasti rikollisten katujengien käyttämää kieltä.

Kaikilla suurimmilla katujengeillä on oma kielensä, josta usein myös löytyy kirjoitettuja koodiavaimia, joiden avulla kielen merkitys avautuu.
Tällaiset koodiavaimet ovat
katujengeille kultaakin kalliimmat,
siksi niitä varjellaan viimeiseen saakka.

YHDYSVALTALAISTA VANKILASLANGIA:

BATS: savukkeita
ALL DAY: elinikäinen tuomio
ALL DAY AND ALL NIGHT: elinikäinen tuomio ilman armahdusmahdollisuutta
JIT TAI JITTERBUG: Äänekäs, nuori vanki, joka aiheuttaa ongelmia juoruilla.
BO-BO: vankeinhoitolaitoksen antamat tennarit
DIME: 10 vuoden tuomio
JUNE BUG: Heikko vanki, jota pidetään orjana
GRAPES: juoruja
ROBO COP: vartija, joka huomauttaa pikkurikkeistä

GRAFFITI

Nykyaikainen graffiti syntyi 1980-luvun New Yorkissa, erityisesti Bronxin ja Harlemin kaupunginosissa. Tuo aikakausi liitetään myös hip-hop ja rap-kulttuurien esiinnousuun ja graffiti onkin yksi musiikkityylien elementeistä.

Graffiti nähdään joskus yhä edelleen yhteiskunnallisen kommentoinnin ja poliittisen protestin muotona, mutta monessa maassa graffiteista on tullut rikollisten katujengien viestintäväline. Graffiti nähdäänkin yhä useammin ilkivallan muotona, joka turmelee sekä julkista että yksityistä omaisuutta.

Kiinteistönomistajat ja paikallisviranomaiset joutuvat käyttämään merkittäviä rahallisia resursseja graffitien poistamiseen ja ennaltaehkäisyyn. Vaikka graffiti olisikin joillekin taiteellisen ilmaisun muoto, monet pitävät sitä silkkana ilkivaltana.
Moni graffitien kannattaja sanoo, että graffiti jopa parantaa julkisia tiloja ja tekee niistä elävämpiä. Vastustajat taas pitävät graffiteja haittana, joka heikentää naapuruston estetiikkaa, turvallisuutta ja laskee kiinteistöjen arvoa.

Graffitien taiteellinen arvo on herättänyt laajoja keskusteluja. Jotkut kriitikot väittävät, että suurimasta osata graffitista puuttuu kaikenlainen taiteellinen näkemys ja esteettinen arvo.

Graffitit ovat varsin olennainen osa katurikollisuutta ja erityisesti nuorisojengirikollisuutta.

Rikolliset katujengit käyttävät graffiteja viestimiseen.
Graffitilla voidaan tagata, eli merkitä, tietty rikolliselle jengille kuuluva alue.
Katujengein graffitit tehdään osoittamaan jengin läsnäoloa ja myös uhkaamaan. Rikollisten jengien graffitit voivat myös viestiä alkavasta jengisodasta.

Rikolliset katujengit käyttävät graffiteja värvätäkseen uusia jäseniä jengeihinsä.

Lisäksi graffitien avulla indoktrinoidaan jengin omia jäseniä mukaan jengiin. Kun jengiläinen näkee oman jenginsä tagin, hän tuntee olevansa kotonaan, se luo tärkeää turvallisuudentunnetta ja vahvistaa käsitystä siitä, että oma katujengi on paras suoja kadulla.

Jengigraffitit vahvistavat jengijäsenten identiteettiä ja auttavat lisäämään yhteenkuuluvuuden tunnetta. Lisäksi graffitien avulla voidaan kehottaa katujengiläisiä osallistumaan rikolliseen toimintaan katujengin puolesta.

Graffitit ovat monelle rikolliselle jengille varsin tehokas keino viestiä jengin olemassaolosta, jengille kuuluvasta alueesta ja jengin uhkaavuudesta. Jengitagien tarkoitus on toimia sekä uhkana että turvana.

Jengigraffitissa, tageissa, käytetään varsin tarkkaan määriteltyjä symboleja, joilla omat alueet merkitään ja joilla viestitään. Monissa maissa ja kaupungeissa graffiteja pidetään laittomina, juuri sen takia, että niihin saattaa liittyä rikollista katujengiviestintää.

Jengigraffitin tunnistaa siitä, että se ei ole taiteellisesti millään muotoa vaativa tai edes hyvä. Jengien merkinnät ovat tarkoituksenmukaisia, ne eivät ole mitään kauneuden ilmentymiä.

Kun jengi maalaa taginsä talon seinään, silloin tagi maalataan nopeasti ja selkeästi niin, että siinä käytetään jengille kuuluvaa symbolismia.
Jengitagin tarkoitus on toimia ainoastaan jengin reviirimerkkinä ja viestinä, se ei ole merkki luovuuden tai taiteellisuudesta.

HATEJACKING

Muotimerkkien kaappauksesta käytetään nimitystä *"hatejacking"* – vihakaappaus. Katujengiläiset yrittävät luoda itsestään kuvaa menestyvinä seurapiiriläisinä käyttämällä luksusmerkkejä. Huippumerkkien omimisen toivotaan pehmentävän rikollisen imagoa. Katujengiläiset pyrkivät normalisoimaan väkivaltaisen rikollisuuden: katsokaa, me pukeudumme kuten rikkaat, olemme kuin he!

Suositut muotimerkit eivät haluaisi tulla tunnetuksi rikollisen- tai ääriliikkeen merkkeinä, mutta tuotemerkkien käytön estäminen on lähes mahdotonta.

Yhdysvaltalainen äärioikeistolainen liike *Proud Boys* valitsi tunnusmerkikseen Fred Perryn mustaan pikeepaidan. Proud Boys on yhdysvaltalainen vuonna 2016 perustettu miesten järjestö, joka pitää länsimaista kulttuuria ylivertaisena muihin kulttuureihin verrattuna. Järjestö vastustaa laitonta maahanmuuttoa, aserajoituksia, poliittista korrektiutta, ja feminismiä.

Yhdysvalloissa ja Kanadassa toimiva Proud Boys otti Fred Perryn mustan pikeepaidan merkikseen. Fred Perry ei pitänyt siitä, että heidän merkkinsä kaapattiin äärioikeistolaiseksi tunnukseksi. Fred Perry yritti estää paidan kaappauksen lopettamalla paidan myynnin Yhdysvalloissa ja Kanadassa. Ei onnistunut. Äärioikeiston Fred Perryn hatejacking vaatekaappaus on yhä voimissaan.

Sama *hatejacking* koskee myös Guccia, jonka roadmanit ovat kaapanneet omakseen. Moni rikollinen katujengi yhdistetään muotimerkkiin ja tiettyyn kenkämerkkiin - eivätkä muodintekijät voi asialle yhtään mitään. Ruotsissa rikolliset katujengit ovat ottaneet *Haglöfs*-merkki omakseen.

SLAAVIKYYKKY

Slaavikyykky on rikollishenkinen poseeraus, syvä kyykkyasento.
Syvässä kyykkyasennossa kuuluu istua pitkään,
ja kasvot voi halutessaan peittää aurinkolaseilla tai balaklavalla.

Slaavikyykkyä käyttävät usein erityisesti gangstaräppärit joilla on tapana ojentaa
käsi ja osoittaa katsojaa sormellaan, asetta muistuttavaan tapaan.

Slaavikyykky on saanut nimensä Venäläisiltä pikkurikollisilta,
jotka tunnetaan nimellä: *gopnik.*

Gopnikit pukeutuvat mielellään
Adidas verkkareihin. Gopnikit tunnetaan siitä, että heillä oli tapana
kokoontua slaavikyykyssä istuviin suurehkoihin ryhmiin.

Gopnikit saattavat slaavikyykätä paikoillaan jopa tuntikausien ajan.
Slaavi kyykkiessään gopnikit syövät mielellään auringonkukansiemeniä.

Englanniksi slaavikyykky tunnetaan nimillä
The Prison Pose - Vankilaposeeraus
The Rap Squat - Räppikyykky
Jail Pose - Putkaposeeraus

RIKOLLISET KATUJENGIT RIKOLLISET KAUTUJENGIT RIK

JENGIKÄYNTIKORTIT

Rikolliset katujengit käyttävät sosiaalista mediaa apunaan. Somessa dissataan ja haukutaan vastustajia ja somessa rekrytoidaan uusia jäseniä. Ja tietenkin somessa kehutaan omaa jengiä. Ennen sosiaalista mediaa, 1970-luvulla, chicagolaiset jengit keksivät tiedottaa olemassaolostaan jakamalla käyntikortteja. Samantyyppisiä käyntikortteja, joita olemme tottuneet näkemään businesstyyppien käsissä.

Rikolliset katujengit käyttivät käyntikortteja vastustajien dissaamiseen, uusien jäsenten värväämiseen ja omakehuun. Käyntikortit tunnettiin nimellä *complimentcards*, kohteliaisuuskortit ja kortteja jaettiin avoimesti kaikkialla.

Katujengin käyntikortti ojennettiin kenen tahansa halukkaan tai ei-niin-halukkaan vastaanottajan käteen. Kortit eivät olleet salaisia, vaan niitä jaettiin Chicagon alueella aivan julkisesti.

Käyntikortteihin painettiin jengien symboleja ja merkkejä. Korteissa mainittiin jengin ylpeyden aiheet ja niihin painettiin jäsenluetteloita. Lisäksi jengien käyntikortteihin määriteltiin jengin *hoodin* rajat ja rikolliseen tapaan korteissa myös iloittiin tapetuista vihollisista ja uhkailtiin kilpailevia jengejä.

Katujengien käyntikortit tulivat muotiin aikaan, jolloin 1960-luvulla perustetut katujengit alkoivat siirtyä ammattilaisrikollisiksi. Hyperpaikalliset teinien perustamat katujengit ottivat seuraavia askeleita kohti järjestäytynyttä rikollisuutta. Tässä siirtymävaiheessa rikollisyritykset tarvitsivat käyntikortteja siinä missä mikä tahansa kehittyvä osakeyhtiökin.

Ripper Dippers

Killer of all.

HOOD:
123 Any City

FoundingMembers
BigEarl
ClovisGoon
MarkyCar
HolyBen
FatJoe
BCKing
KillerDan
RipperDon
BloodyFly
KnivesOZ

Vaikka käyntikortteihin painettiinkin jengien jäsenluetteloita, niistä ei ollut poliisille mitään iloa. Kortteihin painettiin vain jengiläisten katunimet, ei oikeita nimiä. Jengit olivat tarkkoja siitä, ettei kortteihin painettu sellaista tietoa, joka ei jo olisi muutenkin ollut kaduilla saatavilla.

Käyntikortit olivat jengeille arvovaltajuttu ja tapa yrittää muokata yleistä mielipidettä. Käyntikorttien avulla oli tarkoitus antaa ymmärtää, että rikollinen katujengitoiminta oli yhteiskunnallisesti vakavasti otettavaa toimintaa.

Katujengit haluisivat tehdä itsensä hyväksytyiksi - ainakin päällisin puolin. Katujengit saivat inspiraationsa muista aikansa nuoriso-organisaatioista, kuten vaikkapa urheiluseuroista ja nuorten poliittisista järjestöistä.

Jokaisella laillisesti toimivilla nuorisoseuralla oli käyntikortti ja katujengitkin halusivat omansa. Käyntikorttien avulla myös rekrytoitiin uusia jäseniä - samoin tekivät muutkin nuorisojärjestöt.

Katujengeissä ajateltiin, että käyntikortit lisäsivät katujengien uskottavuutta. Jengien jäsenille käyntikortit taas merkitsivät tunnustusta, kortit olivat todiste siitä, että he kuuluivat johonkin. Kun ei voitu kuulua baseballjoukkueeseen, kuuluttiin katujengiin - tässä käyntikorttimme, olkaa hyvä!

Käyntikortit tekivät katujengitoiminnasta legitiimiä, ainakin jengiläisten keskuudessa.

Käyntikorteissa kilpailevia jengejä dissattiin painattamalla vihollisten symbolit ylösalaisin. Kruunusymboli ylösalaisin tarkoitti epäkunnioitusta Latin Kings-jengiä kohtaan.

K-kirjan tarkoitti killer, tappaja. Jos K oli kirjoitettu jengin käyntikorttiin muodossa K-K, se tarkoitti King Killer – eli Latin King tappajaa. Väkivallan lisäksi jengien käyntikorteissa mainostettiin kykyjä. Kortteihin painettiin mainintoja juhlimisesta ja seksistä: jokainen jengiläinen oli kova *partyman* ja taivaallinen rakastaja.

Chicagolaisjengit käyttivät käyntikorteissaan myös Playboy-lehden tuttua pupukorvasymbolia. Hugh Hefner perusti lehtensä Chicagossa vuonna 1953 ja lehti oli kulkenut ja kehittynyt jengiläisten rinnalla koko heidän nuoruusajan.

BANDANA

Rikollisten katujengien suosimalla asusteella, bandanoilla, on yllättävän vaiheikas historia. Näitä värikkäitä kangaspaloja on käytetty eri kulttuureissa eri tarkoituksiin satojen vuosien ajan.

Sanan bandana uskotaan olevan peräisin hindin sanasta *bandhani*, joka tarkoittaa sitoa. Intialaiset bandanat olivat värikkäitä, puuvillaisia tai silkkisiä, neliönmuotoisia kangaspaloja, joita käytettiin suojaamaan päätä paahtavalta auringolta. Eurooppalaiset kauppiaat toivat bandanat mukanaan Aasian matkoiltaan.

1800-luvulla bandanat saavuttivat suosiota Yhdysvalloissa, kun cowboyt alkoivat käyttää niitä kaulahuiveina. Bandanojen tunnusomaiset *paisley*-kuviot olivat ensimmäistä kertaa muodissa juuri cowboy-aikana.

Alun perin cowboyt innostuivat bandanasta juuri sen takia, että se oli värillinen ja kuviollinen. Ennen värikkäitä bandanoja cowboyt niistivät valkoiseen nenäliinaan. Cowboyt kuitenkin käyttivät purutupakkaa ja niistämisestä irronnut ruskea tupakkaräkä likasi valkoisen nenäliinan heti. Värikkäässä ja kuviollisessa bandanassa ruskea ja tupakkapitoinen räkä ei erottunut juuri lainkaan.

Lehmipoikien jälkeen rikolliset motoristit innostuivat pienestä huivista, ja 1900-luvulla bandanasta tuli suosittu motoristiasuste. Nykyään bandanaa käyttävät erilaiset alakulttuurit: rikolliset katujengit, punkrokkarit ja hip-hop muusikot.

BALAKLAVA

Balaklava on peräisin Balaklavan kaupungista Krimiltä, Ukrainasta. Krimin sodan aikana, 1850-luvulla, Krimille sijoitetut brittiläiset joukot käyttivät balaklavaa suojautuakseen kylmiltä ja ankarilta sääolosuhteilta.

Sodan päätyttyä brittisotilaat toivat päähineen mukanaan kotimaahansa. Balaklava saavutti nopeasti suosiota sotilashenkilöstön keskuudessa ja balaklavoja käytettiin myös molemmissa maailmansodissa.
Nykyään balaklavat yhdistetään myös talviurheiluun, koska ne tarjoavat lämpöä ja suojaa tuulelta ja lumelta.

Balaklava tunnetaan myös vaaran merkkinä. Varsinkin musta tai tumma balaklava herättää pelkoa. Päähineen sisällä piilevää ihmistä ei voi tunnistaa, ja siksi balaklava on noussut suosioon rikollisten katujengien ja terroristien keskuudessa.

Balaklavan käyttö on kielletty joissakin julkisissa tiloissa ja laitoksissa.
Tällaisia alueita ovat yleensä pankit, hallintorakennukset, lentokentät ja muut paikat, joita halutaan suojella.
Balaklavat liittyvät myös läheisesti ääritoimintaan ja niitä näkyy usein sellaisten mielenosoittajien yllä, jotka haluavat salata henkilöllisyytensä.

Mielenosoituksissa balaklavaa käyttävät henkilöt ovat osa niin sanottua mustaa blokkia, *black bloc*.

Mustaan blokkiin kuuluvat anarkistit ja äärivasemmistolaiset suosivat suoraa toimintaa ja vandalismia, ja siksi he haluavat pysyä nimettöminä.

Balaklavapäähineestä on tullut rikollisten katujengien, terroristien ja poliittisten ääriryhmien tunnus.

KATUJENGIHELMET

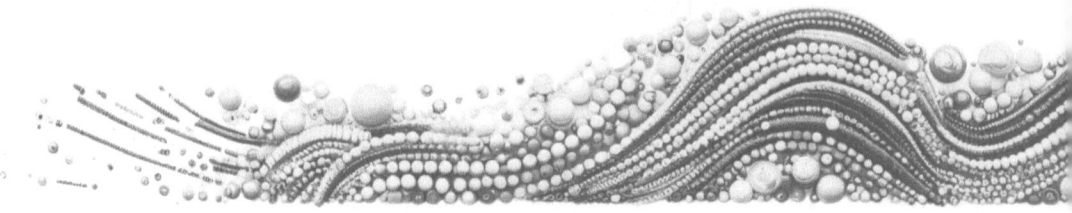

Helmet ovat kertoneet salaisia viestejä tuhansien vuosien ajan. Siksi helmet kiinnostavat myös rikollisia katujengejä. Helmien avulla voi kertoa sellaista, jonka haluaa pitää salassa ulkopuolisilta.

Monet katujengit käyttävät helmiä viesteinä. Rikollisessa katujengimaailmassa helminauhoja pidetään kaulan ympärillä, tai helmet kiedotaan ranteen ymäpärille. Helmet voidaan myös laittaa roikkumaan auton taustapeiliin tai ne voidaan sitoa housujen vyölenkkiin. Katujengeissä helmiä käyttävät niin naiset kuin miehetkin.
Helmillä viestitään muille, helmien avulla haetaan ja todistetaan omaa asemaa rikollisessa jengissä ja helmien avulla voidaan myös tunnustaa katujengin värejä.

Latin Kings katujengi käyttää helmiä: viisi mustaa ja viisi kultaista helmeä kuvastavat jengin jäsentä. Ñetas, Puerto Ricossa perustettu vankilajengi, käyttää punaisia, valkoisia ja sinisiä helmiä.
Helmien värit symboloivat Puerto Ricon lipun värejä.

Punaiset helmet yhdistetään usein rakkauden, intohimon, voiman ja elinvoiman teemoihin. Ne voivat merkitä rohkeutta, voimaa ja elämänvoimaa. Punainen merkitsee myös vaaraa.

Siniset helmet liittyvät henkisyyden, rauhallisuuden, viisauden ja suojelun teemoihin. Ne voivat symboloida rauhaa, harmoniaa ja tyyneyttä. Vaalean siniset helmet kuuluvat vaarallisille Disciples-katujengeille.

Vihreät helmet kuuluvat luontoon, kasvuun ja uudistumiseen. Ne voivat edustaa hedelmällisyyttä, vaurautta, ja toivoa, kuten vankilajengin Ñetasin helminauhassa oleva yksittäinen vihreä helmi tekee.

Keltaiset helmet yhdistetään yleisesti auringonvalon, onnellisuuden ja positiivisuuden teemoihin. Ne voivat symboloida iloa, valaistumista, ja älyllistä kasvua. Keltaiset helmet ovat Latin Kings ja Latin Queens katujengin helmiä.

Valkoiset helmet kuuluvat puhtauteen, viattomuuteen ja hengellisyyteen. Ne voivat symboloida puhdistumista, uusia alkuja, ja hengellisyyttä. Valkoiset helmet symboloivat usein katujengin kokelasta, eli valkoisia helmiä kantava henkilö on pyrkimässä jonkun katujengin jäseneksi.

Mustat helmet yhdistetään mysteerin, suojan ja voiman teemoihin. Ne voivat symboloida voimaa, sitkeyttä ja tuntematonta. Katujengimaalimassa mustat helmet symboloivat palkkamurhaajaa. Mustia helmiä kantavat jengiläiset ovat tappaneet.

Violetit helmet liittyvät kipuun ja kärsimykseen, mutta ne liittyvät myös kuninkaallisuuteen, ylellisyyteen, vaurauteen, menestymiseen ja hengellisyyteen. Violetit helmet symboloivat myös hienostuneisuutta ja vahvaa jumalallista yhteyttä.

Ruskeat helmet kiinnittyvät yleisesti maanläheisyyden, vakauden ja maanläheisiin teemoihin. Ne voivat symboloida yhteyttä maahan ja luontoon.
Bloods jengiläiset kantavat joskus ruskeaa väriä, erityisesti silloin, kun jengiläiset haluavat hämätä vastustajiaan.

Oranssit helmet korottavat energiaan, innostukseen ja luovuuteen. Ne voivat symboloida inspiraatiota ja motivaatiota.

BAGGY PANTS

Baggy-pants, eli leveät ja roikkuvat farkut on muotitrendi, jonka tarina alkoi 1990-luvun lopulla. Baggypants trendi saavutti merkittävän suosion streetwear-kulttuurin ansiosta.

Räppärit ja hip-hop-artistit, kuten MC Hammer ja Run DMC tunnettiin roikkuvista housuistaan ja ylisuurista vaatteistaan. Baggypants yhdistettiin myös rullalautailuun, kun lautailijat tajusivat, että löysemmät housut soivat heille enemmän liikkuvuutta temppuihin ja liikkeisiin.

Pikkuhiljaa roikkuvat housut löysivät tiensä myös muodin eturintamaan, kun huippusuunnittelijat Karl Lagerfeld ja Gianni Versace ottivat ylisuuren roikkuhousutyylin kokoelmiinsa. Nyt, 2000-luvulla, baggypants-tyyli on yhä voimissaan.

Leveälahkeiset ja ylisuuret farkut ovat suosittuja myös katujengien keskuudessa. Rikollisille katujengiläisille roikkuvilla housuilla on kuitenkin erilainen viesti. Katujengiläisille roikkuvat housut ovat kunnianosoitus vankilassa oleville jengiläisille.

Vangeilta otetaan vankilassa pois vyöt, ja sen takia vankien housut roikkuvat niin, että kalsarit näkyvät.

Vapaat katujengiläiset halusivat aikoinaan osoittaa solidaarisuutta vangituille veljilleen ja siksi he alkoivat pitää roikkuvia housuja, jotka nekin paljastivat alushousujen yläosan.

Baggy pants muoti nosti esiin toisen, yllättävän muotiasusteen: kalsarit. Erityisesti bokserit. Roikkuva housumuoti paljasti boksereista resorin, yläkuminauhan, ja yhtäkkiä bokserit tulivat muotiin. Julkisesti vilkkuvissa boksereissa piti tietenkin olla tunnetun muotimerkin nimi näkyvästi esillä.

Calvin Klein ja Karl Lagerfelt bokserit ovat olleet suosiossa.
Roikkuvat housut ja näkyvät merkkibokserit olivat alun perin katujengiasuste, jonka tarkoitus oli osoittaa solidaarisuutta vankilassa istuville katujengikavereille.

NIKE CORTEZ

Kenkäikoni: Nike Cortez

Vuonna 1972 esiteltiin juoksukenkä Nike Cortez. Ja katujengimaailma meni sekaisin. Nike Cortez juoksukengistä tuli heti jengiasuste numero yksi.

Nike Cortez kengän alkuperäinen nimi oli *Mexico*. Nimi tuli vuoden 1968 kesäolympialaisista, jotka pidettiin Mexico Cityssä. Nike halusi kuitenkin kengälle paremman, tarttuvamman nimen.
Kengälle päätettiin antaa nimeksi *Aztec*. Ongelma oli se, että kilpailijalla, Adidaksella, oli jo melkein samanniminen kenkä, *Azteca Gold*.
Adidas uhkasi Nikea oikeustoimilla, jos Nike laittaa kengälleen nimeksi *Aztec*.

Nike löysi uuden nimen, sekin tuli latinokulttuurista. Tällä kertaa valinta osui *Corteziin*. Nimellä haluttiin kunnioittaa espanjalaista valloittajaa, Hernan Cortézia. Hernan Cortéz tunnetaan atsteekkien valtakunnan ja kansakunnan tuhoajana.

Niken *Cortez* nimivalinta oli piikki Adidaksen suuntaan. Adidas ei suostunut hyväksymään Niken *Aztec* nimeä, ja niinpä Nike valitsi kengälleen sen miehen nimen, joka tuhosi aztecit, atsteekit.

Nike Cortez lenkkarit ovat saaneet paljon kyseenalaista mainetta.
Maine liittyy Los Angelesin jengikulttuuriin.
Kenkämalli Nike Cortez liitetään äärimmäisen väkivaltaiseen Mara Salvatrucha jengiin eli MS-13 jengiin.

Jopa niin vahvasti, että Los Angelesin poliisi on jopa pidättänyt ihmisiä vain sen takia, että heillä on ollut jalassaan Nike Cortez lenkkarit.

TAPPAMINEN ON NORMI

Nykyään lähes kaikissa maailman suurimmissa kaupungeissa on rikollisia katujengejä. Se tarkoittaa, että rikollisten jengien rahapotti pienenee. Jokainen kilpaileva jengi vie rahaa toisilta jengiltä. Siksi jengisotiin lähdetään helposti, kyse on isoista rahoista.

Jotta kilpailevan jengin jäsenistä pääsisi eroon, heidät on eliminoitava. Käytännössä se tarkoittaa tappamista. Tehokkainta tappaminen on, kun käytetään ampuma-asetta. Puukottaminen on sotkuista puuhaa, ja se edellyttää, että puukottaja pääsee uhrin lähietäisyydelle.

Katujengiin kuuluminen on ylivoimaisesti vaarallisinta nimenomaan katujengiläisille. Katujengiläiset tappavat kilpailevien jengien jäseniä, koska he taistelevat samasta rahapotista. Katujengiläiset tappavat myös oman jengin jäseniä, myös rahan ja aseman takia. Katujengiläisen elämä on väkivaltaista vihollisten keskuudessa, mutta se on väkivaltaista myös omien keskuudessa.

Katujengiläinen ei koskaan voi olla varma siitä, kuka nurkan takana odottaa Kalashnikov tai Glock kourassaan.

Katujengimaailmassa tappava ase voi yhtä hyvin olla vihollisen kuin ystävän kädessä. Katujengimaailmassa todellisuus tarkoittaa, että aina löytyy joku, joka on valmis tappamaan sinut.

Oli hän sitten ystävä tai vihollinen.

KATUJENGIT VÄKIVALTA

Tässä luvussa käsitellään katujengiväkivaltaa ja siihen liittyviä ilmiöitä.
Tämän luvun sisältö ei sovi herkille lukijoille.

RIKOLLISET KAUTUJENGIT RIKOLLISET KATUJENGIT RIKOLLISET KAUTUJENGIT RIKOLLISET KAUTUJENGIT RIKOLLISET KATUJENGIT

GLOCK

Rikollisilla jengeillä on käytössään erilaisia aseita.

Katujengien aseita on hankittu pimeiltä markkinoilta, varastamalla ja joskus jopa aivan laillisesti ostamalla. Ruotsissa tiedetään, että ruotsalaisilla katujengeillä on käytössään laaja arsenaali erilaisia, erityisesti entisen itäblokin maista peräisin olevia aseita.

Rikollisilla katujengeillä on kuitenkin myös käytössään laadukkaita käsiaseita.

Yksi näistä laadukkaista asemerkeistä on on itävaltalaisen insinöörin Gaston Glockin suunnittelema Glock. Erikoista Glockissa on se, että ase kehitettiin vasta 1980-luvulla, eikä aseen kehittäjä ollut koskaan aikaisemmin suunnitellut yhtäkään asetta.

1980-luvun alussa Itävallan armeija halusi hankkia uusia käsiaseita.

Armeija halusi korvata vanhat Walther P 38 -merkkiset pistoolinsa moderneilla aseilla.

Gaston Glock oli tuolloin täysin tuntematon itävaltalainen insinööri, eikä hänellä ollut aikaisempaa kokemusta asesuunnittelusta, mutta hän päätti silti ottaa armeijan haasteen vastaan.

Gaston Glock onnistui suunnittelemaan aseen, josta muutamassa vuodessa tuli yksi maailman suosituimmista aseista.

Insinööri Gaston Glock loi aseen nimeltään Glock 17.

Gastonin suunnittelema Glock erosi täysin perinteisistä, metallirunkoisista käsiaseista. Polymeerirakenne, käytännössä muovi, teki Gaston Glockin suunnittelemasta aseesta kevyen ja esti myös ruostumisen. Molemmat olivat tuolloin aseelle poikkeuksellisia ja odottamattomia ominaisuuksia.

Glock 17 saavutti nopeasti suosiota maailmalla.

Numero seitsemäntoista aseen nimessä tulee aseen seitsemäntoista kierroksen liipaisimen kapasiteetin mukaan. Se tarkoittaa, että Glockissa kulkee mukana 17 ammusta. Glock on tehokas ase, vaikka se on pieni, vain 20 cm pitkä ja 14 cm leveä. Ei ole mikään ihme, että Glock on rikollisten katujengien suosiossa, pieni ase on helppo piilottaa taskuun.

GLOCK

Aseena Glock on tehokas, luotettava, ja tarkka.
Aseesta tuli nopeasti haluttu niin sotilas- kuin lainvalvontakäytössä.
Myös rikolliset katujengit kautta maailman ihastuivat aseeseen.

Glock tunnetaan minimaalisista huoltovaatimuksistaan.
Lisäksi asetta voi huoletta kuljettaa mukanaan, se ei mene rikki kovin helposti.
Glock kestää, vaikkei asetta puhdistaisikaan jatkuvasti.

Monet Glockien osat ovat myös vaihdettavissa keskenään, joten kahdesta rikkinäisestä Glockista on periaatteessa mahdollista rakentaa yksi toimiva ase.

Glockilla on myös helppo osua, vaikka ei olisikaan harjoitellut kovin usein.
Glock on ase, jolla aloittelijakin osuu ja siksi ase viehättää rikollisia.
Harvalla rikollisella nimittäin on kiinnostusta tai aikaa
hioa ammuntataitojaan ampumaradalla.

Glockilla on suuri määrä ominaisuuksia, jotka tekevät aseesta suositun poliisien, mutta myös rikollisten keskuudessa. Yksi harhaluulo Glockiin kuitenkin liittyy: moni kuvittelee, että muovipohjainen Glock ei näkyisi turvatarkastuksissa, mutta luulo on väärä; kyllä näkyy.

Glock on halvempi kuin monet muut aseet, ase on kevyt kantaa ja siinä on kevyempi liipaisin, eli aseella osuu paremmin.

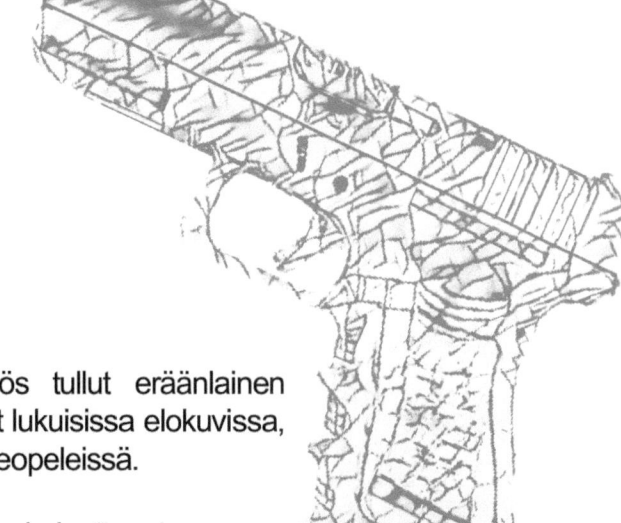

Glockissa on puolet vähemmän osia kuin muissa aseissa, eikä se ole helposti särkyvä.

Vuosien varrella Glockista on myös tullut eräänlainen asekulttuurin ikoni. Glock on esiintynyt lukuisissa elokuvissa, televisio-ohjelmissa, rapvideoilla ja videopeleissä.

Glockin erottuva ulkonäkö on helpottanut aseen tunnistamista.

VERILÖYLY HOTELLISSA
HUTCH-KINAHAN JENGISOTA
AMMUSKELU REGENCY HOTELLISSA, DUBLIN, IRLANTI

Regency hotellin nimi on nykyään Bonnington Hotel.

Helmikuun 5. päivänä 2016 Dublinissa sijaitsevassa Regency hotellissa juhlatunnelma oli katossa. Hotellissa valmistauduttiin parhaillaan nyrkkeilyotteluun ja menossa oli nyrkkeilijöiden punnitus. Punnitus on tilaisuus, jossa nyrkkeilijät uhoavat ja pullistelevat pelottaakseen vastustajaansa - ja viihdyttääkseen yleisöä mahtailulla.

Nyrkkeilijät esittelivät lihaksiaan ja ärjyivät voitokkaina, kun sisään hotelliin marssi kolme miestä.

Hieman kello 14.30 jälkeen kolme Irlannin Gardaí-eliittijoukon upseereiksi pukeutunutta miestä asteli Regency hotelliin.

Miehet eivät herättäneet huomiota. Irlantilaiset olivat tottuneita näkemään raskaasti aseistettuja poliiseja. Terrorismiin tottuneille irlantilaisille tulijat olivat tuttu näky - olivathan he pukeutuneet poliisin erikoisjoukkojen asuihin.

Sisälle päästyään, kolmikko avasi tulen kahdella AK-47 kiväärillä.

Tappajien kohteena oli Kinahan-jengin johtojäsen David Byrne.

Byrne oli raskaasti rikollinen 34-vuotias, jonka huhuttiin johtavan Kinahan-jengin osastoa Espanjan Costa del Solissa.

Byrne sai luodeista katastrofaalisia osumia.

Ensimmäinen luoti osui Byrnea päähän, oikean kulmakarvan yläpuolelle. Osuma rikkoi kasvojen luustoa, jatkoi matkaansa alaspäin niskaan, josta luoti tunkeutui ulos, käänsi suuntaansa ja palasi takaisin Byrnen niskaan, kunnes pysähtyi solisluuhun.

Toinen luoti osui kasvojen oikealle puolelle, josta se jatkoi matkaansa alaspäin, ja pysähtyi Byrnen kylkiluihin.

Kolmas luoti osui Byrnen vatsaan, suoraan maksaan. Luoti muutti maksan silmänräpäyksessä pulverimaiseksi massaksi.

Kolme viimeistä luotia osuivat Byrnea käteen ja molempiin reisiin. Byrne kuoli välittömästi.

Hyökkäys oli osa vuosia jatkuneesta Hutch-Kinahan jengien välisestä jengisodasta.
Tuomioita ammuskelusta odotettiin vuosikausien ajan.

Gerard Hutch, 60, Hutch jengin johtaja, jonka epäiltiin olleen yksi ampujista, vapautettiin syytteistä kahteen otteeseen, vuonna 2019 ja uudelleen 2023.

Lopulta, v. 2023, verilöylystä sai tuomion kaksi ammuskelussa mukana ollutta avustajaa: dublinilainen rakennusmies, 8,5 vuoden tuomio, ja dublinilainen taksinkuljettaja, 9 vuoden tuomio.

Vaikka oikeuden tuomiota jouduttiin odottamaan, kosto oli välitön.

2.5.2016, vain kolme päivää Hotel Regencyn ampumisen jälkeen, Gerard Hutchin veli, Eddie Hutch Senior, tapettiin kodissaan Dublinissa.

24.5.2016 kostettiin uudelleen.
Gareth Hutch, Gerard Hutchin veljenpoika, tapettiin autonsa viereen.

JENGIREKRYTOINTI

Rikollisilla katujengeillä on ehdoton vaatimus, että jengin jäsenen on osallistuttava uusien jäsenten rekrytointiin.

Rekrytointipakko on jopa kirjattu suurimpien jengien sääntöihin. Jäsenmäärän lisääminen on jokaisen katujengin elinehto, siksi jokaisen jäsenen odotetaan rekrytoivan uusia jäseniä.

Katujengien rekrytointi on erittäin aggressiivista.

Katujengien rekrytointiin saattaa liittyä mystisiä ja hengellisiä piirteitä, samanlaisia kuin salaseuroilla. Rekrytointiin liittyy lupauksia initiaatioriiteistä, joissa testataan luonnetta: onko uusi jäsen jengin arvoinen?

Moni rikollinen katujengi on tietoisesti omaksunut symboliikkaa, jota katujengi houkuttelevasti kutsuu *"salaiseksi ja mystiseksi tiedoksi"*.

Katujengin salaista ja mystistä tietoa jaetaan vain ja ainoastaan katujengin jäsenille ja siitä kertominen ulkopuolisille on ankarasti rangaistava teko.

Tämän, jengin sisäisesti jaettavan salaisen tiedon ansiosta uusi jengiläinen kokee liittyvänsä osaksi jotain suurempaa. Uusi jäsen kokee saavuttavansa jengissä jotain sellaista, mikä ei ole muiden, jengiin kuulumattomien ulottuvilla.

Salaisuutta ja mystisyyttä korostetaan opettamalla tulokkaalle jengin salainen kieli, koodisto ja kryptiset viestit.

Symbolit, sanat, rituaalit, pukeutuminen, hiukset, kävely, pyhät esineet. Kaikki edellä mainitut keinot ovat käytössä, kun jengiin rekrytoidaan uusia jäseniä.

JENGIREKRYTOINTI

Jengit käyttävät monenlaisia menetelmiä uusien jäsenten rekrytoimiseen. Tässä on joitakin tapoja.

Väkivalta ja pelottelu

Jengit saattavat pahoinpidellä tai nöyryyttää potentiaalisia jäseniä osoittaakseen valtaansa ja pelotellakseen.

Yhteisöllisyys ja kuuluminen

Jengit tarjoavat nuorille yhteisön, johon kuulua. Yksinäinen tai syrjäytynyt nuori saattaa kokea, että jengi tarjoaa yhteenkuuluvuutta.

Talous ja mahdollisuudet

Jengit voivat tarjota taloudellista tukea, kuten rahaa, huumeita tai muita etuja. Nuoret, jotka ovat taloudellisessa ahdingossa, saattavat hakeutua jengien pariin paremman elämän toivossa.

Kunnioitus ja maine

Jengit voivat houkutella nuoria tarjoamalla heille kunnioitusta ja mainetta yhteisössä. Jengijäsenyys voi antaa nuorille statusta ja arvostusta omien joukossa.

Sosiaalinen media ja viestintä

Jengit käyttävät sosiaalista mediaa rekrytoidakseen uusia jäseniä. Jengit levittävät viestejä ja kuvia, jotka houkuttelevat nuoria.

Jengit julkaisevat somessa materiaalia, joka korostaa voimaa Jengit julkaisevat viestejä ja kutsuja, joiden sisällöllä houkutellaan nuoria liittymään jengin riveihin. Usein houkuttelu jengiin tehdään musiikin avulla.

JENGIREKRYTOINTI

Jengit maksavat räppäreille siitä, että räppärit ovat jengin riveissä, kantavat jengin värejä ja käyttävät jengin merkkejä tai symboleja.
Kyse on win-win tilanteesta: jengi tarjoaa räppärille rahaa ja turvaa, räppäri tarjoaa jengille näkyvyyttä ja *feimiä,* kuuluisuutta.

Videot ja kuvat ovat tehokkaita välineitä uusien jäsenten houkuttelemiseksi. Jengit ja räppärit julkaisevat yhdessä rapvideoita, joissa raha, aseet, ja seksi hallitsevat. Videoilla aseita ja rikollisuutta ihannoidaan. Videoilla pyritään näyttämään, että rikoksilla saa isoja kultakoruja, merkkivaatteita ja ökyautoja. Ja naisia. Jengimaailma on pääosin maskuliininen maailma.

Ruotsissa rikollisjengi Foxtrotin tiedetään hyödyntäneet sosiaalista mediaa monin tavoin. Rikollisen jengin, verkoston, jäsenet julkaisevat kuvia kultaisista kettukoruistaan. Ja aina välillä joku maanpaossa asuva jengin johtajista striimaa jollakin Foxtrotin monesta somekanavasta.

Jengielämä näyttäytyy houkuttelevana nuorelle, joka ei ymmärrä, että kaiken kimalluksen alla piilee ainainen pelko. Jokainen jengijohtaja menee nukkumaan peloissaan.

Jengielämä voi olla kiiltävää, mutta kaiken alla lymyää tieto omasta lähestyvästä kuolemasta.

Rikollisjengien jäsenten elinikä on usein lyhyt. Jengielämä on vaarallista. Katujengissä pyöriminen tuo mukanaan monenlaisia riskejä, raakaa väkivaltaa, huumeita ja vuosikausien mittaista vankeutta.
Yksikään katujengin jäsen missään päin maailmaa ei voi olla pelkäämättä.

Eniten jengiläiset pelkäävät muiden jengien jäseniä
Toiseksi eniten jengiläiset pelkäävät oman jenginsä jäseniä.

AUTIO KATU ON PELON MERKKI

Katujengiläiset pelkäävät

Ruotsissa rikollisten katujengien välinen väkivalta on karannut käsistä. Vaikka tilanne välillä rauhoittuukin, on vain ajan kysymys, milloin väkivaltaisuudet taas nostavat päätään. Väkivalta on karannut niin pahasti käistä, että rikolliset jengiläisetkin pelkäävät henkensä puolesta. Ruotsissa jengiläisillä ja myös jengien läheisillä on nykyään luotiliivit yllään, eikä ulos mennä, ellei ole äärimmäinen pakko.

Lisäksi jengiväkivalta on saanut varsin raakoja piirteitä. Tappava väkivalta ei enää uhkaa vain jengiläisiä, vaan vastustajat ovat tietoisesti ja harkiten käyneet myös jengiläisten omaisten ja läheisten kimppuun. Jengirikollisten pelko näkyy myös katujengien omilla alueilla.

Kaduilla saattaa olla rauhallisempaa kuin aikaisemmin, koska pahimmat jengirikolliset ovat varovaisia. He eivät ota turhia riskejä ja he ovat alkaneet välttää kaikenlaisia rutiineja. Perjantaipizza oman lähiön pizzeriassa ei enää tule kysymykseenkään, koska pizzeriassa saattaa tulla ammutuksi.

Jengiläiset eivät uskalla liikkua kaupungissa, eivätkä he varsinkaan uskalla liikkua sellaisissa paikoissa, jossa heidän aikaisemmin tiedetään liikkuneen.

Ruotsissa ketä tahansa voi nurkan takana odottaa ladattu Kalashnikov.

Sivullisetkaan eivät ole turvassa. 10.4.2024 ruotsalainen, ihan tavallinen isä, pyysi jengiläisiä olemaan rauhallisemmin. Jengiläiset vastasivat isälle ampumalla häntä suoraan naamaan. Tapetun isän 12-vuotias poika seisoi vieressä. Poika todisti isänsä murhan.

Monella lähiöpaikkakunnalla kadut ja asuinalueet saattavat päällisin puolin vaikuttaa rauhallisilta. Näky on valheellinen.

Autiot kadut ovat pelon merkki.

BANK OF IRELANDIN RYÖSTÖ

Vuoden 2009 Bank of Irelandin ryöstö oli Irlannin suurin käteisen rahan ryöstö. Ryöstäjät saivat saaliikseen lähes 8 miljoonaa euroa. Näin se tehtiin.

Illalla helmikuun 26. päivänä 24-vuotias Shane Travers katsoi televisiota tyttöystävänsä kotona. Tyttöystävä, hänen 5-vuotias veljenpoikansa ja tyttöystävän äiti olivat ostoksilla. Kun naiset ja lapsi saapuivat kotiin, kuusi naamioitua ja raskaasti aseistettua miestä hyppäsi esiin pensaista, sieppasi perheen ja vei heidät taloon. Aseistetut miehet pitivät perhettä vangittuna talossa koko yön.
Aamulla jengi määräsi kaikki paitsi Shane Traversin autoon. Perhe kuljetettiin pois. Shane Travers sai valokuvan, jossa näkyi miten tyttöystävä, äiti ja pikkupoika olivat vankeina, sidottuina ja heitä uhattiin raskailla aseilla.

Pankkityöntekijä Traversin käskettiin ajaa autolla pankkiin hakemaan käteistä rahaa 20, 50, 100 ja 200 euron seteleinä.
Poliisille ei saisi ilmoittaa tai muutoin perheelle *kävisi todella huonosti.*

Pankissa Travers näytti valokuvaa kollegoilleen, jotka kauhistuivat ja auttoivat Traversia pakkaamaan rahat neljään suurikokoiseen säkkiin.
Kun rahasäkit oli nostettu autoon, Travers ajoi autolla rautatieasemalle. Perillä hän antoi rahat paikalla odottavalle jengiläiselle. Roisto otti rahasäkit, ajoi pois ja Travers kiiruhti poliisiasemalle kertoman kokemistaan kauhuistaan.

Sieppaajajengi oli jättänyt Traversin perheen autoon sidottuna, jonka jälkeen sieppaajat olivat lähteneet pois.
Perhe onnistui itse vapauttamaan itsensä.
Tyttöystävä loukkaantui sieppauksessa lievästi saatuaan päähänsä haavaan taistellessaan vangitsijoidensa kanssa sieppauksen alussa.

Suurin osa 7.6 miljoonan euron ryöstösaaliista jäi kadoksiin, ainoastaan noin 1.8 miljoona euroa onnistuttiin saamaan takaisin. Ryöstöstä otettiin kiinni seitsemän henkeä, mutta heidät vapautettiin.

Gerry Hutchia on epäilty ryöstön pääsuunnittelijaksi.

AK-47

Sarjatulitusaseet kuuluvat rikollisten katujengien vaarallisimpiin aseisiin.
AK-47 on maailman yleisin ase, sitä on valmistettu arviolta 200 miljoonaa kappaletta. AK-47 on monen maan armeijan suosiossa, mutta asetta käyttävät myös lukuisat rikollis-, sissi- ja terroristijärjestöt.

AK-47 on rikollisten katujengien suosiossa koska ase on erittäin toimintavarma ja lisäksi asetta on helppo huoltaa. AK-47 rynnäkkökivääreitä on helppo saada, aseita on paljon tarjolla.

> Ruotsissa on arvioitu, että nopeimmillaan AK- 47 rynnäkkökiväärin voi hankkia noin 15 minuutissa.

AK-47 tunnetaan myös nimellä Kalashnikov aseen keksijän, venäläisen Mihail Kalashnikov mukaan.
Aseen nimi venäjäksi on: Avtomát Kalashnikova 1947, AK-47 tuotanto alkoi vuonna 1947.
Mihail Kalsahnikov ehti nähdä, miten hänen aseensa sai valtavan suosion juuri rikollisissa piireissä.
Itse Kalsnikov sanoi kehittäneensä rynnäkkökiväärin puolustuskäyttöön, ei hyökkäyskäyttöön.

Kuten kaikilla merkkituotteilla, Kalashnikovillakin on kopionsa. Afrikassa AK-47 kopion voi halvimmillaan hankkia 500 eurolla.
Aito AK-47 on sekin suhteellisen edullinen, yhdestä aseesta joutuu Ruotsin pimeillä markkinoilla pulittamaan noin 1200 €.
Arvioiden mukaan puolet maailman Kalashnikoveista on väärennöksiä.

VARJOJEN VALTIAAT
MENESTYNEIMMÄT JENGIJOHTAJAT

Kun puhutaan rikollisuuden huipuista, puhutaan harvinaisista yksilöistä, jotka ovat onnistuneet nousemaan valtavan vaurauden, vallan huipulle.
He ovat maailman rikkaimpia rikollisjohtajia, mustia legendoja.
Tässä muutama julma, rikoksilla rikastunut rikollisjohtaja.

Tamadasa Goto - Yakuza, Japani
70-vuotias Goto johtaa Japanina Yakuzan suurinta jengiä: Yamaguchi-gumi.
Tamadasa Goto tunnetaan häikäilemättömänä johtajana, joka ei epäröi turvautua väkivaltaan. Tamasada Goto toimi hetken aikaa FBI:n vasikkana.
Goto antoi FBI:lle tietoja ja FBI järjesti Gotolle maksansiirron USA:ssa.
Goton väitetään siirtyneen eläkkeelle ja ryhtyneen buddhalaiseksi munkiksi nimeltään *"Chuei"*.

Daniel Kinahan
Kinahan kartelli, Irlanti
Daniel Kinahan on varsin nuori jengijohtajaksi, vasta 45-vuotias. Irlantilaisen Kinahan kartellin johtaja on jo onnistunut väistämään muutaman murhayrityksen.
Daniel rakastaa nyrkkeilyä ja hänen pyrkimyksensä nyrkkeilymaailman promoottoriksi on herättänyt paljon huomiota nyrkkeilymaailmassa.
Kaikki eivät ole innoissaan tunnetun rikollispomon rahoista. Daniel Kinahanin kiinniottamiseen johtavasta vihjeestä on luvattu 5 miljoonan dollarin palkkio.

Ismael "El Mayo" Zambada - Sinaloa kartelli, Meksiko

Zambada on johtanut Sinaloa kartellia yhdessä El Chapon kanssa, mutta nykyään El Mayo johtaa kartelliaan yksi, El Chapo istuu vankilassa. Zambada on onnistunut välttämään vankiloita pitkän aikaa. Kartellipomo kylpee rahoissa, ja hänen uskotaan muuttaneen ulkonäkönsä täydellisesti kasvokirurgian avulla. Ismaelin kiinniottamiseen johtavasta vihjeestä on luvattu 15 miljoonan dollarin palkkio.

Semjon Judkovitš Mogilevitš - Venäjän mafia

Venäläisestä mafiasta tiedetään, että se on upporikas rikosjärjestö, jonka tienestit hipovat miljardeja euroja vuodessa. Ukrainalaissyntyistä Semjonia on kuvailtu maailman vaarallisimmaksi jengijohtajaksi. Semjon Mogilevitšilla on yhteyksiä korkealle Venäjän poliittiseen johtoon, myös Vladimir Putinin nimi on mainittu. Semjon Mogilevitšin kiinniottamiseen johtavasta vihjeestä on luvattu 5 miljoonan dollarin palkkio.

Joaquín "El Chapo" Guzmán - Sinaloa kartelli, Meksiko

66-vuotias johti huumekartellia nimeltään Sinaloa kartelli. El Chapoa on pidetty maailman menestyneimpänä huumepomona, jonka arvo parhaillaan oli yli miljardi euroa.
El Chapo tunnetaan kahdesta näyttävästä vankilapaosta. Nykyään El Chapo istuu vankilassa USA:ssa. Hänet laitettiin ADX Florence-vankilaan, Coloradoon. Vankila on supermax vankila, joka on korkeimpaan turvallisuusluokkaan luokiteltu vankilatyyppi.

El Chapon vankinumero on Federal Register Number 89914-053.

SAN FERNANDON TEURASTUS

Katujengien tarinat ovat täynnä väkivaltaa ja verisiä yhteenottoja. Jengien ulkopuolisille jengiväkivalta näyttäytyy mielettömänä ja kaoottisena. Tappaminen on joskus silmitöntä, kuten seuraava esimerkki kertoo.

San Fernandon verilöyly tapahtui maaliskuussa 2011.
Tuolloin Los Zetasin huumejengi teurasti 193 ihmistä
La Joyan karjatilalla San Fernandossa Meksikossa.

Los Zetas jengi kidnappasi valtavan määrän ihmisiä tavallisista reittibusseista ja kuljetti heidät karjatilalle.
Karjatilalla siepattuja kidutettiin julmasti, sitten tapettiin ja haudattiin yhteensä 47 salaiseen joukkohautaan. Naispuolisia uhreja kidutettiin ja heidät myös raiskattiin ennen tappamista.

Miespuoliset uhrit pakotettiin taistelemaan keskenään.
Los Zetas-jengin jäsenet antoivat miespuolisille siepatuille macheteja, tavallisia veitsiä ja vasaroita aseiksi.

Sen jälkeen jokainen siepattu mies pantiin taistelemaan hengestään.

Jos haluisi elää, oli tapettava toinen taistelija, joka myös oli bussista mukaan siepattu tavallinen mies.
Jotkut verisistä taisteluista elossa selvinneet siepatut miehet värvättiin Los Zetasin palkkamurhaajiksi, mutta yleensä kaikki tapettiin.

Koko kauheus alkoi valjeta poliisille vasta, kun linja-autoasemalla huomattiin, että lukuisia matkatavaroita jäi noutamatta.

Busseissa oli hylättyjä matkatavaroita eikä kukaan linja-autoasemalla aluksi ymmärtänyt miksi.

SAN FERNANDON TEURASTUS

Viimein kauhuissaan olevat ja hiljaisiksi pelotellut, jengin kynsistä pelastuneet matkustajat alkoivat kertoa poliisille tapahtumista.

He kertoivat jengirikollisista, jotka aseella uhaten pysäyttivät reittibusseja. He kertoiva, miten jengiläiset kiertelivät busseissa ja aseella uhaten pakottivat mukaansa ihmisiä. Rikolliset valitsivat vain hyväkuntoisia miehiä ja nuoria naisia.

Poliisi aloitti välittömästi tapahtumien tutkimuksen, josta tuli kauhujen taival.

Huhtikuussa 2011 tutkijat löysivät ensimmäisen joukkohaudan. Haudassa oli 59 uhria. Kesti kaksi kuukautta ennen kuin kaikki haudat oli löydetty. Kesäkuussa 2011 jokainen verilöylyn joukkohauta oli merkitty ja tutkittu.

Haudoissa oli yhteensä 193 ruumista.

Teurastus aiheutti suurta kauhua San Fernandon kaupungissa ja asukkaita alkoi paeta pilvin pimein. Kukaan ei halunnut jäädä kaupunkiin, jonka asukkaita jengirikolliset tappoivat oman mielensä ja halunsa mukaan.

Viimein Meksikon hallitus lähetti San Fernandoon 650 sotilasta turvaamaan ihmisten arkea.

Elokuussa 2011 pidätettyinä oli yhteensä 82 Los Zetas-jengin jäsentä.

Vieläkään ei ole selvinnyt, miksi Los Zetas-jengi päätti siepata ihmisiä busseista kiduttaakseen ja murhatakseen heidät.

OSUMAT LEIKKIPUISTOSSA

Elokuussa 2022 Eskilstunassa, Årby-nimisessä lähiössä pääsi helvetti irti.
Leikkipuistossa oli paikalla nelisenkymmentä lasta ja aikuista,
kun mustiin pukeutunut, naamioitunut henkilö ajoi paikalle mustalla
sähköpotkulaudalla, otti esiin järeän sarjatuliaseen ja alkoi ampua.

Kaksi viatonta sivullista loukkaantui;
viisivuotias poika ja nainen, joka oli ollut lastensa kanssa puistossa.
Kumpikin selvisi onneksi ampumisesta elossa.
Kaiken kaikkiaan eskilstunalaiseen leikkipuistoon
ammuttiin 15 sarjatuliaseenlaukausta.

Ampumisen syyksi epäillään pelottelua ja uhkausta.
Monella Årbyn alueella asuvalla on katujengikytköksiä.
Ampuminen ei ollut alueen ensimmäinen,
eikä myöskään viimeinen.

Ampujaa ei ole saatu kiinni.

RIKOLLISET KATUJENGIT

RAAKA POLTTOMURHA

Maaliskuussa vuonna 2023 Albyssa, Botkyrkanin kunnassa,
Tuholman läänissä, kaksi naista,
50-vuotias ja 18-vuotias kuolivat rajussa asuntopalossa.
Nuorempi naisista putosi parvekkeelta kuolemaansa ja
vanhempi nainen paloi elävältä.

Joku oli kaatanut palavaa nestettä asunnon postiluukusta ja
sytyttänyt palonesteen palamaan.
Rajun palon takia viidennen kerroksen asunnossa olleet
henkilöt eivät päässeet ulos ulko-ovesta.
Palo alkoi nopeasti syödä tietään asunnon sisälle.

Kahden naisen lisäksi asunnossa oli myös nuori mies.
Mies pelastautui loikkaamalla tulessa olevan asunnon
parvekkeelta viereisen parvekkeen satelliittilautasen
reunaan roikkumaan.

Nuorempi naisista yritti tavoitella viereisen parvekkeen kaidetta.
Naisen ote kuitenkin lipesi ja hän putosi viisi kerrosta kuolemaansa.

Vanhempi naisista paloi elävältä asunnon sisälle.

Tahallaan sytytetty palo oli osa kahden rikollisen jengin,
Foxtrotin ja Dalen-nätverketin välistä jengisotaa.
Palamaan sytytetyssä asunnossa olleet henkilöt
olivat ruotsalaisen katujengijohtajan sukulaisia.

Murhapoltosta epäillään ulkomailla piileskelevää henkilöä.
Toinen epäilty pidätettiin, mutta vapautettiin.
Häntä kuitenkin epäillään yhä murhapoltosta.

Kuolleet olivat iskun varsinaisen
kohteen tyttöystävä ja äiti.
Ketään ei ole tuomittu.

LUODINKESTÄVÄT LIIVIT

Luodinkestävä suojaliivi on liivi, jonka tarkoitus on vähentää tai kokonaan estää luotien osumista aiheutuvia vammoja. Tyypillisimpiä suojaliivien käyttäjiä ovat poliisit, vanginvartijat, sotilaat, rajavartijat ja tullitarkastajat – ja nykyään myös katujengirikolliset.

Liiveillä on eriasteisia suojaustasoja ja suojaustapoja.
Luodin pysäyttävä liivi ei välttämättä suojaa puukoniskuilta ja kevyet liivit suojaavat vain pienitehoisimmilta aseilta.

Katujengien väliset sodat ovat muuttuneet erittäin väkivaltaisiksi.
Ampumiset kaduilla ovat lisääntyneet rajusti ja katujen väkivalta on armotonta.
Rikolliset katujengit ovat etsineet turvaa luotiliiveistä.

Luotiliivien käyttö on yleistynyt kaikkialla rikollisessa katujengimaailmassa.
Harva katujengiläinen uskaltaa liikkua ulkona ilman vaatteiden alle piilotettua luotiliiviä.

Luodeillakin on yllättäviä eroja.

Liivit, jotka eivät suojaa haulikon ammuksia vastaan saattavat silti suojata järeiltä .44 Magnumin luodeilta.

Luotiliivin erikoiskuidut pysäyttävät luodit samalla tavalla kuin tennisverkot pysäyttävät tennispallot: joustava verkko hidastaa ammuksen nopeutta ja lopulta pysäyttää luodin.

Luodinkestävä liivi ei suojaa kaikilta aseilta.
Tietyn suojaustason liivi suojaa .44 Magnumilta ja .9 mm:ltä, mutta sama liivi ei enää suojaakaan esimerkiksi automaattikivääriaseilta.

> Monet pitävät 44 Magnumia maailman vaarallisimpana käsiaseena sen käyttämien järeitten luotien takia. Luodinkestävää liiviä käyttävien tulisi kuitenkin pelätä luodin nopeutta enemmän kuin luodin kokoa.

Suurikaliiperisten aseiden luodit lentävät alemmalla nopeudella, jolloin liivi pystyy pysäyttämään luodit tehokkaammin. Pienikaliiperisen pistoolin luodin nopeus on yleensä hyvin suuri eikä luodinkestävä liivi pysäytä luotia yhtä helposti.

Yksikään luodinkestävä liivi ei suojaa AK-47 ammuksilta.

Kaduilla ammutaan usein juuri pienkaliiperisilla aseilla, kuten .22 kaliiperin ja 9 mm pistooleilla. Käsiaseet ovat suosiossa, koska ne ovat pieniä ja ne on helppo kätkeä taskuun.

Jos haluaa suojautua pienkaliiperisen aseen luodeilta, kannattaa kiinnittää erityistä huomiota luotiliivin valintaan. Liivi, joka suojaa magnumluodilta ei ehkä pystykään pysäyttämään
.22 kaliiperin kutia.

Vasemmalta oikealle:
Haulikon patruuna,
AA paristo, .454 Casull,
.45 Winchester Magnum,
.44 Remington Magnum,
.357 Magnum, .38 Special,
.45 ACP, 38 Super,
9 mm Luger, .22 LR.

KUVAKAAPPAUS KIRJASTA: A Comprehensive Guide to Handgun Ammunition, Edited by Paul F. Kisak, 2016

LUODINKESTÄVÄT LIIVIT

Pistonkestävä materiaalit

Veitsenkestävät liivit ovat kokonaan oma liivityyppinsä.
Niitä käyttävät usein ravintoloiden portsarit ja vartijat.
Veitsenkestävät liivit on suunniteltu suojaamaan
terävien aseiden, kuten veitsien ja piikkien iskuilta.
Näissä liiveissä käytetään usein useita kerroksia tiiviisti
kudottuja kankaita, kuten Kevlaria tai muita lujia,
muoviperusteisia kuituja, jotka pystyvät estämään
veitsen tunkeutumista ihmisen vartaloon.

Luodinkestävät liivit keskittyvät luotien energian
hajaannuttamiseen, mutta veitsenkestäviltä liiveiltä
vaaditaan kykyä estää viilto- ja pisto hyökkäys.
Käytetyt materiaalit on suunniteltu absorboimaan
ja jakamaan terävän ja ohuen terän iskun voimaa,
joka saattaa vähentää loukkaantumisriskiä.

On tärkeää huomata, että vaikka suojaliivit tarjoavatkin
arvokasta suojaa, silti ne eivät ole täysin "luodinkestäviä"
tai "veitsenkestäviä". Yksikään panssari ei takaa ehdotonta suojaa.

Katujengien suosimat kevyet suojaliivit.

Kevlar on synteettinen kuitu, joka tunnetaan korkeasta lujuudestaan ja
lämmönkestävyydestään. Kevlarin kehitti yhdysvaltalainen kemianteollisuuden
yritys vuonna 1965.
Kevlar kuuluu materiaaliluokkaan, joka tunnetaan nimellä *aramidit*.
Kevlarin tärkein ominaisuus on sen vahvuus. Kevlar on uskomattoman vahva ja
lisäksi sillä on erittäin korkea vetolujuus. Kevlar on vahvempaa kuin teräs

Vahvuudestaan huolimatta Kevlar on kevyttä.
Siksi se soveltuu tarkoituksiin, joissa paino on kriittinen tekijä.
Katujengiläisen liikkuminen kävisi kovin vaikeaksi, jos henkensä edestä
pelkäävän katurikollisen aina pitäisi pukea ylleen metalliset tai keraamiset
panssariliivit.

Poliisit ja sotilaat suosivat Kevlaria kypärien ja muiden suojavarusteiden
materiaalina.

Katujengielämä on äärimmäisen vaarallista ja liivi on katujengiläiselle varteenotettava henkivakuutus.

Luodinkestävillä liiveillä on erilaisia suojatasoja, jotka määritellään sen mukaan, minkä tyyppisiä luoteja ja ammuksia liivit pystyvät pysäyttämään tai hidastamaan.

Alla luokitellut suojaustasot eivät ole virallisia, vaan kuvastavat vain yleisiä suojaustasovaatimuksia.

Yksi
Käytetään usein vaatteiden alle piilotetuissa liiveissä. Suojaa 9 millimetrin ja neljänkymmenen kaliiperin luodeilta, joita käytetään yleisesti käsiaseissa.

Kaksi
Suojaa 9 millimetrin ja magnum ammuksia vastaan. Liivi on suunniteltu ensisijaisesti suojaamaan käsiaseilta.
Liivejä ei ole suunniteltu pysäyttämään kiväärin ammuksia.

Kolme
Liivi sopii lainvalvontaviranomaisille ja sotilaille. Liivit pystyvät hidastamaan puoliautomaattisista aseista ammuttuja luoteja. Tämä taso on yleensä poliisien ja sotilaiden vaatima vähimmäistaso.

Neljä
Suunniteltu pysäyttämään kivääri ammukset. Raskaat suojaliivit. Tätä liiviä käyttävät yleensä sotilaat ja poliisit, joita uhkaavat kivääriosumat.

Viisi
Vartalopanssariliivit. Tarjoavat suojaa panssareita lävistäviä ammuksia vastaan. Käytetään taktisissa ja äärimmäisissä operaatioissa, kuten sodassa.

Liivin tehokkuus riippuu monesta tekijästä, kuten ammuksen tyypistä ja kulmasta ja jolla luoti osuu liiviin.

TÄRKEÄÄ!

Vaikka liivit tarjoavat suojaa, jokainen ammuttu luoti voi tappaa.

ÄIDINMURHA

Ruotsin verinen jengisota on jatkunut vuosia. Ruotsissa ei enää riitä, että tapetaan jengien jäseniä. Ruotsin jengisodassa hyökätään jengien jäsenten omaisia vastaan. Isiä on tapettu. Veljiä ja siskoja on ammuttu. Taloja on tuhottu räjähteillä. Kukaan ei ole turvassa.

Ruotsalaisen, Foxtrot-rikollisjengin entisen johtajan, Ismail Abdon äiti murhattiin kotonaan. Murha tapahtui syyskuun 6. päivänä 2023. Äidinmurha oli palkkamurha. Murhan tilaajaksi epäillään Abdon entistä ystävää, rikollisen Foxtrot-jengin johtajaa, Rawa Majidia. Äidin tilausmurhaa varten rekrytoitiin kaksi palkkamurhaajaa.

Nimetön vihje

Poliisi sai vihjeen Sereni Abdon palkkamurhasta kaksi päivää ennen murhaa. Syyskuun 4. päivänä 2023 nimetön soittaja otti yhteyttä Uppsalan poliisiin. Soittaja kertoi, että kaupungissa aiottiin tehdä murha. Nimetön soittaja ei halunnut antaa nimeään, hän sanoi olevansa peloissaan. Vihjeen antaja kertoi kuitenkin poliisille yksityiskohtaisesti odotettavissa olevista tapahtumista.

Vihjeen antaja kertoi Uppsalan poliisille, että hänen ystävänsä oli tullut kaupunkiin tappamaan jonkun rahasta. Soittaja kertoi poliisille palkkamurhaajan nimen. Soittaja paljasti poliisille saaneensa palkkamurhaajalta snäpin, eli viestin. Tuossa viestissä murhaaja oli kertonut tarvitsevansa sähköskootterin päästäkseen murhapaikalle.

Nimetön soittaja kertoi polisiille myös, että murhaajaksi palkattu ystävä oli rahapulassa ja sen takia hän oli ottanut vastaan murhatehtävän. Lähde paljasti, että murhaajalla oli mukanaan apuri. Kaksi poika olivat tulleet Uppsalaan palkkamurhakeikalle, äidintappokeikalle.

ÄIDINMURHA

Poliisi päätti suhtautua nimettömään soittoon vakavasti.
Uppsalassa oli käynnissä ehkä Ruotsin verisimpiin kuuluva jengisota.
Sodassa monen jengiläisen perhettä oli uhattu, ja sen takia heidät oli asetettu tehostettuun valvontaan. Myös Ismail Abdon äiti oli poliisin erityisvalvonnassa, äitiä kohtaa oli olemassa vakavan väkivallan uhka.

Poliisi aloitti nimettömän soittajan vihjeiden tutkinnan.
Tutkinta selvitti nopeasti, että palkkamurhaajaksi mainittu poika todellakin oli Uppsalassa.

Syyskuun 6. päivänä syyttäjä päätti, että palkkamurhan suunnittelusta ei ollut riittävästi näyttöä. Tutkinta lopetettiin eikä palkkamurhaajien tekemisiin puututtu.
Tutkinnan lopettamispäätös tehtiin syyskuun 6. päivänä 2023.
Saman päivän iltana palkkamurhaaja ampui Serin Abdon.

Murhapäivän aikana palkkamurhaajat kuluttivat aikaa ottamalla selfiekuvia. Kuvissa murhaajat esiintyivät aseiden ja ammusten kanssa.

Kun pimeys laskeutui, palkkamurhaajakaksikko nousi sähköpotkulaudalle.
Palkkamurhaajat ajoivat Serini Abdon kotitalolle.
Pahaa-aavistamatonta Seriniä ammuttiin suoraan rintaan.
Ampumisen jälkeen erääseen chattiin lähtettiin veisti, jossa luki:

Otettiin nainen!!
Pantiin se sydämeen!!
Ollaan japp äiti, veli!

Viimeinen lause: *"Ollaan japp äiti, veli!"* on slangia; sana *"japp"* tarkoittaa murhata tai ampua. Kokonaisuudessaan tuo chattiin lähetetty lause tarkoitti "On ammuttu äiti!"

Kello yksi yöllä Serinin mies löysi vaimonsa kuolleena. Seuraavana päivänä poliisi pidätti palkkamurhaajat. Vanhempi tekijöistä, 19-vuotias, tuomittiin elinkautiseen vankeuteen murhasta ja karkotettavaksi.
Ampuja, joka tuomion lukemishetkellä oli 16-vuotias, tuomittiin neljäksi vuodeksi suljettuun nuorisokotiin.

UHKAILULLA ON TAVOITE

Jengien uhkailulla ja uhittelulla on useita eri tavoitteita:
uhata vihollisia
pelotella uhreja hiljaisiksi
estää sivullisia puuttumasta
estää todistajia puhumasta

Uhkailu palvelee katujengissä hyökkäys- ja puolustustavoitteita.
Vaikka katujengi olisikin väkivaltainen, jengiin liitytään usein kuitenkin
turvallisuussyistä. Parasta turvaa tarjoaa tietenkin kaikkein kovin katujengi.
Rikollisessa elämässä pelottelusta ja uhkailusta on hyötyä, siksi
monet jengit pyrkivät entistä tehokkaampaan uhkailuun.

Väkivaltainen imago on tarpeen, kun haluaa suojautua muiden uhalta.
Tämä ajatus pätee jengiin, mutta se pätee myös yksilöön.
Kaikki haluavat olla vaarallisimman jengi jäseniä.
Katujengialueella parasta turvaa tarjoaa se jengi, jota pelätään eniten.
Siksi jengien uhkasignalointi on tärkeää: se luo pelon ilmapiiriä
myös silloin, kun todellista pelkoa ei olisikaan.
Kun on tarpeeksi pelottava, ei tarvitse itse pelätä.

Jengiin kannattaa kuulua, koska jengiläinen voi luottaa jengin apuun.
Somessa jengikaverin avunpyynnöt kuullaan välittömästi.
Toisen jengijäsenen puolustaminen on elintärkeää, koska
siihen jokainen jengiläinen luottaa:
toisten jengiläisten apuun. Ilman sitä, jengi ei ole mitään.

Jäsentensä puolesta kostava jengi
on oikealla asialla, kunnian asialla.
Kaverin asialla.

HAULIKKO

Rikolliset jengit suosivat usein haulikoita. Haulikko on aseena suosiossa, koska haulikon ampumia hauleja vastaan on erityisen vaikea suojautua. Esimerkiksi monet luotiliivitkään eivät pysty suojaamaan haulikon ammuksilta.

Haulikot ampuvat hauleja, joilla on erilaiset lentoradat, nopeudet ja tunkeutumisominaisuudet kuin käsiaseiden ja kiväärien ammuksilla. Haulikon haulien nopeutta ei pystytä ennakoimaan, siksi hauleja vastaan suojautuminen on vaikeaa. Jos halutaan suojautua haulikon ammuksilta, täytyy käyttää erikoispanssareita. Ne tunnetaan nimellä kova panssari tai kiväärilevyt.

Tällaiset suojalevyt on tyypillisesti valmistettu keramiikasta, teräksestä tai komposiittimateriaaleista.
Jotkut kovista panssarilevyistä pystyvät pysäyttämään haulikon tietyt haulit.
Mutta haulit ovat aina varsin arvaamattomia, ja niiden tunkeutuminen levyn läpi voi olla mahdollista, vaikka suojaus olisi kuinka hyvä. Suojalevyjen tehokkuus vaihtelee myös käytettyjen haulityyppien mukaan.

Markkinoilla on toki olemassa haulikonammuksia vastaan suojaavia erikoisliivejä. Tällaiset liivit merkitään usein haulikon kestäviksi tai sirpaleen kestäviksi.

Vaikka liivit olisi suunniteltu suojaamaan juuri hauleja vastaan, yhdetkään liivit eivät pysty antamaan ehdotonta suojaa haulikolla ammuttuja hauleja vastaan. Liivit eivät ole ehdoton suoja, ainoastaan ampumatta jättäminen tuo riittävän suojan.

Parhaatkin suojaliivit tarjoavat vain rajoitetun suojan haulikon ammuksia vastaan.

PANSSAROITU AJONEUVO

Jengirikolliset ja eritysiesti rikollisjengien johtajat ovat jo vuosien ajan suojautuneet panssaroitujen ajoneuvojen sisään.

Jengirikollisilta on takavarikoitu ajoneuvoja, joita on vahvistettu, jotta autoissa matkustavat jengirikolliset olisivat turvassa tulitukselta, räjähteiltä ja jopa kranaateilta.

Jengien käyttämiin panssaroituihin autoihin on usein asennettu piilolokeroita aseille. Autojen lasit ovat tietenkin luodinkestävää lasia, joskus lasien paksuus on voinut olla jopa kolme senttimetriä.

Yhdysvalloissa jengien omistuksessa olevia panssaroituja ajoneuvoja on verrattu aseisiin. Autoissa voidaan ajaa kilpailevan jengin alueelle ja tulittaa vastustajia samalla kun itse ollaan suojassa panssarin sisällä.

Vuonna 2009 Kanadassa takavarikoitiin rikollisille Bacon-veljeksille kuulunut panssaroitu ajoneuvo. Musta BMW 745i painoi enemmän kuin kuorma-auto ja auto oli varustettu lähes 4 senttiä paksuilla luodinkestävillä laseilla ja raskaalla teräspinnoitteella.

Panssaroitujen ajoneuvojen käyttö on yleistä maissa, joissa on paljon katujengien välisiä jengisotia.

Joskus rikolliset katujengit ovat käyttäneet panssaroituja ajoneuvoja jopa ryöstöjen tekemiseen. Panssaroitu auto tarjoaa suojan poliisin luoteja vastaan. Siksi ne ovat erinomaisia pakoautoja.
Hyvin panssaroitu auto kestävää lähes mitä tahansa tulitusta.

Huumekartellit käyttävät panssaroituja ajoneuvoja huumeiden ja rahan kuljettamiseen.

Panssaroitu auto kestää kilpailevien jengien ja poliisin hyökkäykset.

Tammikuussa vuonna 2023 Kanada ilmoitti lähettävänsä panssaroituja ajoneuvoja Haitiin auttamaan poliisia taistelussa nimenomaan katujengiväkivaltaa vastaan.

Haitilaiset katujengit olivat ottaneet haltuunsa suuren osan maasta, ja tilanne oli johtanut asetaisteluihin poliisin kanssa.

Kanadan sotilaslentokoneet toimittivat panssaroidut autot Haitin kansalliselle poliisille.

Jengien arvioidaan hallitsevan yli 80 prosenttia Haitin pääkaupungista, Port-au-Princesta. Vuoden 2023 kolmen ensimmäisen kuukauden aikana katujengit murhasivat yli 21 poliisia. Muut maat ovat yrittäneet auttaa Haitia katujengiongelman kanssa. Haitille on tarjottu poliisikoulutusta ja varusteita, kuten juuri panssaroituja ajoneuvoja.

Pian panssaroitujen ajoneuvojen luovuttamisen jälkeen uutisissa kerrottiin, että poliisi paloi kuoliaaksi panssaroidun auton sisälle.

Haitilaisten katujengien jäsenet olivat hyökänneet poliisin kimppuun. Sen jälkeen jengiläiset olivat polttaneet poliisin panssaroidun ajoneuvon ja autopalossa kuoli myös haitilainen poliisiupseeri. Sosiaalisessa mediassa kiertäneessä videossa näytettiin, miten katujengiläiset esittelivät murhatun poliisin ruumista ja poseerasivat uhrin kanssa.

Haitin kansallinen poliisi antoi lausunnon, jossa sanottiin, että teko ei jää rankaisematta, ja lisäsi vielä, että poliisia ei pelotella.

Valitettavasti Haitin poliisi ei saanut tilannetta hallintaansa.

Vain muutama viikko Kanadan panssaroitujen autojen maahantulon jälkeen, suuri osa kanadalaisten lahjoittamista panssaroiduista ajoneuvoista oli haitilaisten katujengien hallussa.

Nyt Kanadan Haitille lahjoittamat panssaroidut autot suojelevat rikollisten katujengien jäseniä.

LASTEN KIDTUSMURHAT

Heinäkuun lopulla 2023 Ruotsissa ilmoitetaan kadonneiksi kaksi poikaa, 14-vuotiaat Momo ja Layth. Kaverukset asuivat poissa kotoaan, valvotussa nuorisokodissa. Molemmilla pojilla oli ollut elämänhallintaongelmia ja molemmat saivat nuorisokodeissa apua ja tukea elämään.

Mutta heinäkuun lopulla 2023 molemmat pojat katoavat.

Pojista tehtiin katoamisilmoitus, mutta kaikki epäilivät, että pojat olivat "hatkanneet", eli karanneet oma-aloitteeseen vapauteen.

Pian julkisuuteen alkoi kuitenkin tihkua toisenlaista, kammottavaa tietoa.

Tuo tieto kertoi, että Momo ja Layth eivät olisikaan hatkanneet, vaan pojista olisi tullut pelinappuloita Ruotsia piinaavassa jengisodassa.
Huhujen mukaan pojista olisi tehty karmaisevia varoittavia esimerkkejä.

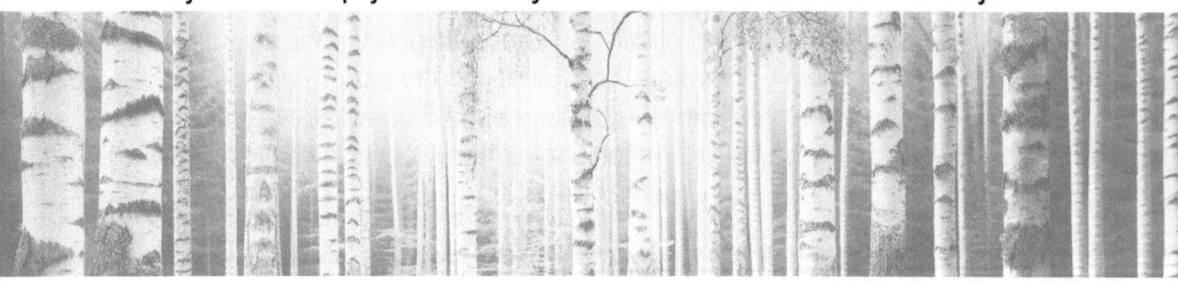

Heinäkuun 29. päivänä 2023 Nynäshamnista, Tukholmasta, pieneltä metsäalueelta löydetään julmasti tapettu 14-vuotias poika. Nuoressa pojassa, vasta lapsessa, oli merkkejä kidutuskuolemasta. Poika oli kadonneeksi ilmoitettu Momo.

Elokuun 18. päivänä 2023 Upplands-Brossa, Tukholmassa sienestämässä ollut nainen tekee järkyttävän löydön. Metsästä löytynyt ruumis osoittautuu lapseksi, 14-vuotiaaksi kiduttamalla murhatuksi pojaksi. Poika oli Layth.

Kaksi ystävää, molemmat vasta lapsia, löydetään kuoliaaksi kidutettuina vain 80 kilometrin päässä toisistaan.
Koko Ruotsi on kauhuissaan. Mistä on kyse? Mikä hirviö tekee tällaista?

LASTEN KIDTUSMURHAT

Ruotsalaisten viranomaisten mukaan he epäilevät, että kidutusmurhissa oli kyse varoittavan esimerkin asettamisesta.

Foxtrot-rikollisverkoston johtajan, Rawa Majidin, epäillään tilanneen kahden lapsen kammottavat kidutusmurhat.

Tapahtumat todennäköisesti saivat alkunsa, kun pojille tuli käsky, että heidän olisi suoritettava jonkinlainen tehtävä Foxtrot-rikollisverkostolle.

Saattaa olla, että poikien piti tappaa joku.

Poikien epäillään joko epäonnistuneen tai kieltäytyneen annetusta tehtävästä.

Poliisi on esittänyt teorian, jonka mukaan poikien epäonnistuminen raivostutti Turkissa maanpaossa asuvan Foxtrot-verkoston johtajan, Rawa Majidin. Kaksi lasta uskaltautui uhmaamaan suuren jengijohtajan käskyä.

Majid antoi käskyn kiduttaa kaksi lasta kuoliaaksi.

Mahdollisesti tarkoitus oli tehdä pojista varoittava esimerkki. Näin käy, jos ei tottele Rawa Majidin mahtikäskyjä.

Poliisi on pidättänyt muutamia henkilöitä, joiden epäillään olleen osallisina Momon ja Laythin murhiin. Samalla poliisi pelkää, että monet osallisista on jo karannut ulkomaille.

Kun 14-vuotiaat siepattiin ja kidutettiin, heistä otettiin myös kuvia, joita jaettiin somessa. Kuvien tarkoitus oli herättää pelkoa muissa nuorissa, ettei kukaan enää lähtisi uhmaamaan jengijohtajaa.

Toisen pojan isä sai kuvan lapsestaan. Kuvassa poika oli sidottuna ja kuristettuna.

MEGARIKOLLISET

Japanilainen Yakuza, italialainen Cosa Nostra ja
kiinalaiset Triadit.

Nämä varjoissa toimivat rikollisjärjestöt eivät ole tavallisia katujengejä, vaan
näiden järjestöjen taustalla on kovaa ja äärimmäisen kylmän
tavoitteellista rikollisuutta.

Järjestöt tienaavat rikollisuudella huikeita summia.
Varovaistenkin arvioiden mukaan Yakuzan vuositulot ovat
5 miljardia euroa, Triadien 3.5 miljardia euroa, ja italialaisen mafian, Cosa
Nostran, arvoksi on esitetty huikeat 130 miljardia euroa.

Näitä rikollisia järjestöjä yhdistää yksi asia:
tavoitteellinen, huippuluokan rikollinen toiminta. Päämäärätietoisten
organisaatioiden toiminta on tehokasta ja kurinalaista.

Huipulla ovat järjestöjen johtajat, jotka tekevät keskeiset
päätökset ja valvovat organisaation toimintaa.
Johtajien alapuolelta löytyvät toimeenpanijat, sotilaat, jotka vastaavat
määräysten toteuttamisesta.

Jokaisella rikollisorganisaatiolla on tiukat säännöt, joita valvotaan tarkasti, eikä
hairahduksia sallita. Uskollisuus on ensiarvoisen tärkeää ja hiljaisuuskoodien
rikkomista seuraa yksi varma asia: kuolema.

Tiukka sääntöjen valvonta ja pelote
varmasta kuolemasta estää jäseniä
pettämästä uskollisuusvalaansa.

Yakuza, Cosa Nostra ja Triadit
ovat vuosien varrella sopeutuneet yhteiskunnan muutoksiin.
Kyky joustavuuteen on auttanut järjestöjä
selviytymään ja menestymään siitäkin huolimatta,
että poliisin valvonta on tehostunut.

RIKOLLISET JÄRJESTÖT

Tässä luvussa tutustutaan
globaaleihin rikollisjärjestöihin,
jotka kuitenkaan eivät ole katujengejä.

YAKUZA

Yakuzan juuret löytyvät Japanin Edo-kaudelta, (jap. 江戸時代, Edo-jidai). vuosilta 1600–1868.
Edo-kausi toi Japaniin yli 250 vuoden rauhan jakson ja
tuo ajanjakso tunnetaan myös Japanin modernin ajan alkuna.
Edo-kaudella Japani oli Tokugawa-shōgunaatin hallinnassa.
Tokugava antoi samuraisotureille potkut ja samurait joutuivat tuuliajolle.

Työttömistä huippusotilaista tuli nopeasti kuriton palkkasoturiryhmä, joka elätti itsensä rikoksia tekemällä. Sotilaat jakautuivat kahteen osaan ja nuo kaksi, entisistä samuraista muodostuvaa ryhmää, olivat modernin yakuzan perusta.

Tekiya (kaupustelijat)
Nämä olivat kiertäviä kauppiaita, jotka myivät tavaroita festivaaleilla ja markkinoilla.

Bakuto (pelaajat)
Tämä ryhmä osallistui laittomaan uhkapelitoimintaan.

Tekiya ja Bakuto muodostivat omat ryhmänsä, ja molemmilla ryhmillä oli tiukat säännöt ja rakenteet järjestyksen ylläpitämiseksi.
Kun Tekiyan ja Bakuton vaikutusvalta kasvoivat, ryhmät alkoivat harjoittaa tavoitteellisempaa rikollista toimintaa ja kehittyivät ajan mittaan meidän tuntemaksi Yakuzaksi.

Yakuza on uhkapelitermi sellaisille numeroille, joita pidetään arvottomina tai hyödyttöminä. Termi "yakuza" on peräisin japanilaisista sanoista "kahdeksan", "yhdeksän" ja "kolme", jotka edustavat häviävää kättä perinteisessä japanilaisessa korttipelissä nimeltä *hanafuda*.

Yakuza symboloi ryhmän yhteiskunnan ulkopuolista asemaa ja sen varhaisia siteitä uhkapeleihin.

YAKUZA

Yubitsume = sormen lyhennys.
Yubitsume on yakuza-rikollisjärjestöjen rituaali.
Rituaali vaatii, että jäsen amputoi itseltään sormen.
Sormen amputointi on tapa pyytää anteeksi virhettä
tai säännön rikkomista.
Amputoinnin voi tehdä vapaaehtoisesti tai
pakottamalla. Vuodelta 1993 peräisin oleva
tutkimus kerto, että 45 prosenttia yakuzoista
oli tehnyt yubitsumen, ja 15 prosenttia
heistä oli tehnyt sen useamman kerran.
Tänä päivänä
yubitsumen tekeminen alkaa olla harvinaista, koska yakuzat
eivät halua erottautua liikaa ympäröivästä yhteiskunnasta.

Yakuza tunnetaan ainutlaatuisesta
kulttuuristaan ja perinteistään.
Yakuzan jäsenet ovat kuuluisia monimutkaisista
kokovartalotatuoinneistaan, jotka kuvaavat perinteisiä japanilaisia aiheita,
kuten lohikäärmeitä, koikaloja ja samuraita.

Moni tatuoinneista kuvastaa samuraisotureita, joita Yakuzassa pidetään
yakuzan alkuperäisinä perustajina. Nykyään tatuointeja
pidetään piilossa, ettei henkilöä heti voisi
epäillä Yakuzan jäseneksi.

Viime vuosina Yakuzaa on vaivannut
Japanin tiukemmat lait ja lisäksi
yhteiskunnalliset asenteet Yakuzaa
kohtaan ovat Japanissa muuttuneet.

Näiden seurauksena Yakuzan
jäsenmäärä ja vaikutusvalta ovat
vähentyneet.

Jotkut Yakuza-ryhmät ovat jopa
yrittäneet sopeutua ja alkaneet siirtyä
laillisten liikeyritysten pyörittämiseen.

TRIADI JA TONG

Kiinalaiset rikolliset Triadi-ryhmät ilmestyivät ensimmäisen kerran 1600-luvulla. Termi "triadi" tulee kolmion symbolista, joka edustaa taivaan, maan ja ihmiskunnan välistä yhteyttä.

Triadien juuret voidaan jäljittää muinaisen Kiinan salaseuroihin.
Nämä ryhmät muodostettiin alun perin poliittisiin tarkoituksiin, niiden tarkoituksena oli kaataa Qing -dynastia ja palauttaa Ming -dynastia.
Kun Qing –dynastia kuitenkin vakiintui, sen kaatamiseksi perustetut salaseurat aloittivat rikollisen toiminnan.

Kun kommunistit nousivat Kiinassa valtaan vuonna 1949, triadit pakenivat Hongkongiin. Hongkongissa triadit kasvoivat nopeasti ja saivat paikkoja jopa poliisilaitoksen riveissä.

USA:han kiinalaiset maahanmuuttajat alkoivat saapua pian kullan löytymisen jälkeen 1840-luvun lopulla. Kiinalaiset huomasivat, että heitä syrjittiin etnisen taustansa vuoksi. Suojautuakseen kiinalaiset muodostivat triadityyppisiä järjestöjä, jotka saivat nimekseen Tong. Sana tarkoittaa kokoontumispaikka.

Tongit ovat salaisia organisaatioita, jotka pääosin keskittyvät rikollisuuteen.
Kaikista USA:n Chinatowneista on löydetty tongeja, joilla on vahvoja kytköksiä kiinalaiseen järjestäytyneeseen rikollisuuteen, eli triadeihin.

Tongien hallintorakenteen on sanottu olevan hyvin samanlainen kuin La Cosa Nostran, italialaisen, sisilialaisen mafian.

Tongeisskin kummisetätyyppinen johtaja on erittäin vaikutusvaltainen.

Suurin osa tongien jäsenistä kuuluvat järjestön alempiin riveihin, ja heillä kaikilla on sotilaan arvo.

Vuosien mittaan kiinalaiset triadit ovat kehittyneet merkittäviksi toimijoiksi järjestäytyneen rikollisuuden maailmassa. Kun triadit laajenivat Kiinan ulkopuolelle, järjestö perusti verkostojaan myös Hongkongiin, Taiwaniin, Kaakkois-Aasiaan ja länsimaihin.

Triadit ja tongit ovat erittäin salaisia järjestöjä, edes järjestöjen omat jäsenet eivät tiedä johtajiensa henkilöllisyyttä.

Triadeilla ja tongeilla on arvioitu olevan yhteensä yli 2 miljoonaa jäsentä.

Initiaatioriitit ovat pakollisia kaikille uusille jäsenille. Triadin vihkimysseremonia järjestetään Guan Yulle omistetulla alttarilla. Rituaaliin kuuluu suitsukkeita ja eläinuhreja, yleensä kana, sika tai vuohi. Jäseneksi otettava juo viinin ja veren sekoitusta ja kävelee miekkakaaren alla lausuessaan triadin valaa.

Guan Yu oli kiinalainen kenraali 210-luvulla. Initiaatoriitissä käytetty Guan Yu:n alttari liittyy muinaiseen kiinalaiseen sotilaaseen.

Guan Yu on yksi Itä-Aasian suosituimmista uskollisuuden ja vanhurskauden esimerkeistä. Guan Yu:ta kutsutaan kunnioittavasti "keisari Guaniksi" (Guān Dì) tai "Lord Guaniksi" (Guān Gōng).

Kiinalaisille Guan Yu on jumaluus, jota palvotaan.

Guan Yu:lle pystytettyjä pikku pyhäkköjä löytyy lähes kaikista kiinalaisista kaupoista ja ravintoloista.

COSA NOSTRA

Cosa Nostra, joka myös tunnetaan nimellä Sisilian mafia, on yksi maailman pahamaineisimmista järjestäytyneistä rikollisuussyndikaateista. Järjestö on peräisin Sisiliasta, Italiasta, ja sen väkivaltaisilla menetelmillä on maailmanlaajuinen maine.

Termi *"Cosa Nostra"* tarkoittaa "meidän asiamme".
Alkuaikoinaan Cosa Nostra toimi eräänlaisena yksityisenä poliisina, joka suojeli maanomistajia ja muita vaikutusvaltaisia henkilöitä vastineeksi taloudellisesta korvauksesta. Pikkuhiljaa Cosa Nostra kääri itselleen valtaa, ja kun järjestö kasvoi, se kehitti toimivan ja vahvan hierarkkisen rakenteen.

Cosa Nostra otti käyttöön niin sanotun hiljaisuuden koodin, joka tunnetaan nimellä "omertà". Omertàn rikkominen on kuolemansynti, perinteisesti omertà rikkonutta odotti välitön kuolema.
Omertàn laki tarkoittaa, ettei mafiasta saa puhua kenellekään ulkopuoliselle.

1980-luvun maxi-oikeudenkäynti rikkoi italiassa Cosa Nostran hiljaisuuden muurin. Maxi-oikeudenkäynti käytiin 1980-luvun puolivälissä.
Satoja sisilialaisen mafian jäseniä oli syytettyinä oikeudenkäynnissä.
Taustalla oli ilmiantajiksi ryhtyneet entiset mafian jäsenet.
Onnistunut oikeudenkäynti rohkaisi muitakin entisiä mafian jäseniä todistamaan järjestöä vastaan.

Maxi-oikeudenkäynnin menestys toi mukanaan suoranaisen ilmiantajien aallon, kun ihmiset huomasivat, että Cosa Nostraa vastaan voi todistaa ilman, että saa luoodin niskaansa. Maxi-oikeudenkäynti johti mafian heikkenemiseen, ja se oli merkittävä käännekohtaa taistelussa Cosa Nostraa vastaan. Cosa Nostra on toki edelleen aktiivinen, mutta rikollinen järjestö on pirstoutunut ja sen on ollut pakko muuttua entistä salaisemmaksi.

COSA NOSTRA

Cosa Nostran valtarakenne:

Capo dei Capi, Capo di tutti i Capi tai Kummisetä (Pomojen Pomo)

Cosa Nostran korkein jäsen, ylin auktoriteetti. Kummisetä hallitsee perhettä, kummisedän käskyjään ei saa kyseenalaistaa. Kummisedän tahdon on tapahduttava. Kummisetä on se, joka hyötyy eniten perheen laittomista yrityksistä.

Capo (pomo)

Jokaista Cosa Nostran perhettä johtaa capo.
Heillä on merkittävästi valtaa, mutta he raportoivat Kummisedälle.

Consigliere (Neuvonantaja)

Capon luotettu neuvonantaja, joka tarjoaa ohjausta ja sovittelua.

Sottocapo (Alapomo)

Perheen toinen komentaja, joka vastaa mafiaperheen päivittäisten toimintojen valvonnasta.

Capodecina (Kapteeni)

Johtaja, joka vastaa sotilasryhmän johtamisesta ja koordinoinnista.

Soldati (Sotilaat)

Alimmat jäsenet, toteuttavat käskyjä.

On olemassa useita erilaisia teorioita siitä, mistä sana *mafia* alun perin tulee.
Yleisimmät ovat:

Ma'afir oli arabiheimon nimi, joka hallitsi Sisilian pääkaupunkia Palermoa 10. vuosisadalla.
Mahias, joka 10. vuosisadan arabimiehittäjille tarkoitti "kerskailua"
Mafie, joka on sisilialainen sana Trapanin luolille, joissa rikolliset usein piiloutuivat.
MAFIA olisi lyhenne sanoista **Morte Alla Francia, Italia Anela** (Kuolema Ranskalle, Italia kaipaa/haluaa) tai **Morte Alla Francia, Italia Avanti** (Kuolema Ranskalle, Italia edellä).

KATUJENGINUMEROITA

187

Katujengien slangissa tämä numero viittaa murhaan tai tappoon. Numero on Kalifornian murharikoslain numero, siksi numero on katujengikulttuurissa väkivallan symboli. Katujengeille numero on synonyymi murhalle.

13

Numerolla 13 on erityinen merkitys latinalaisamerikkalaisille jengeille, erityisesti katujengeille, jotka kuuluvat Sureñosin (eteläiseen) jengikulttuuriin. Numero 13 edustaa aakkosten 13. kirjainta M. Kirjaimella viitataan joko meksikolaiseen tai meksikolaista mafiaan. Sureño -jengit sisällyttävät usein numeron13 graffiteihinsa, tatuointeihinsa ja käsimerkkeihinsä osoittamaan uskollisuuttaan.

14

Numero liittyy Norteñosin (pohjoisen) jengikulttuuriin. Numero viittaa N-kirjaimeen, joka on aakkosten 14. kirjain. Norteño-jengit käyttävät numeroa omana symbolinaan tatuoinneissa ja graffiteissa.

5150

Katujengit käyttävät tätä numeroa, kun he viittaavat henkilöön, jota pidetään henkisesti epävakaana tai hulluna. Numero on peräisin Kalifornian hyvinvointilaista, jonka mukaan henkilö, joka on vaaraksi itselleen tai muille, voidaan määrätä suljettuun pakkohoitoon 72 tunnin ajaksi.

211

Numero merkitsee ryöstöä. Numero viittaa Kalifornian ryöstöja käsittelevään lakiin. Katujengien jäsenet suunnittelevat ryöstöä, jos heidän viesteistään löytyy numero 211.

666

Numero yhdistetään saatanalliseen symboliikkaan. Katujengit käyttävtät numeroa uhkaamistarkoituksiin.

KATUJENGIT GANGSTARAP

Tässä luvussa avataan gangstarapin ja katujengien yhteyksiä ja tutustutaan rikollisten musiikkiin.

RIKOLLISET KAUTUJENGIT RIKOLLISET KATUJENGIT RIKOLLISET KAUTUJENGIT RIKOLLISET KAUTUJENGIT RIKOLLISET KAUTUJENG

HIP-HOP
Gangstarapin esi-isä

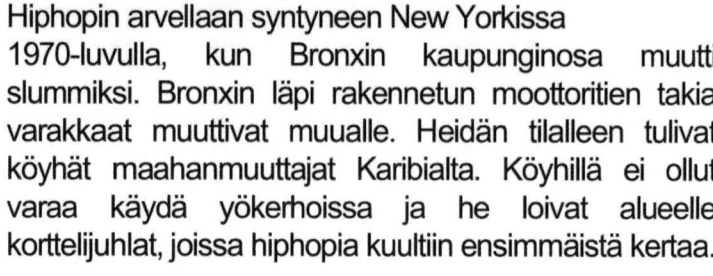

Hiphopin arvellaan syntyneen New Yorkissa 1970-luvulla, kun Bronxin kaupunginosa muutti slummiksi. Bronxin läpi rakennetun moottoritien takia varakkaat muuttivat muualle. Heidän tilalleen tulivat köyhät maahanmuuttajat Karibialta. Köyhillä ei ollut varaa käydä yökerhoissa ja he loivat alueelle korttelijuhlat, joissa hiphopia kuultiin ensimmäistä kertaa.

Katujuhlien musiikista vastasivat DJ:t ja heillä oli varusteinaan messevät äänentoistolaitteet. Samaan aikaan korttelijuhlien kanssa esiin nousivat tanssivat breikkarit ja räppärit. Uraauurtava Grandmaster Flash nousi julkisuuteen juuri Bronxin korttelijuhlista.
Ensimmäiset räppärit kutsuivat usein itseään nimellä MC, joka tarkoitti "master of ceremony" tai "mic controller".

Alussa raplyriikka rakentui jamaikalaiselle *toast and boast* -perinteelle, jonka mukaan räpin sanoitukset keskittyivät toisten räppäreiden haukkumiseen ja dissaamiseen, samalla kun omaa erinomaisuutta korostetaan.

Raplyriikka oli eräänlaista vuoropuhelua räppäreiden välillä ja keskinäisestä kilpailusta tuli yksi räpin kulmakivistä.

Toisen räppärin dissaaminen ja omakehu toivat kunnioitusta ja hyvät dissaukset vahvistivat afroamerikkalaisen mieskulttuurin machoilua.
Parhaat dissaajat olivat - ja ovat yhä - kovia jätkiä.

2PAC
TUPAC AMARU SHAKUR

Syntynyt: 16. kesäkuuta 1971, Harlem, Manhattan, New York, Yhdysvallat
Kuollut: 13. syyskuuta 1996 (25 vuotta), Las Vegas, Nevada, Yhdysvallat
Katujengi: Mob Piru Bloods

Räppäri Tupac Shakuria ammuttiin drive-by ampumisessa 7. päivänä syyskuuta
vuonna 1996.
Ampuminen tapahtui kello 23.15 paikallista aikaa, kun Shakuria kuljettanut auto
pysähtyi punaisiin liikennevaloihin Maxim Hotellin edessä. Shakurin auton viereen
lipui valkoinen Cadillac, josta alettiin ampua

Shakurin autoa kohti ammuttiin useita luoteja .40-kaliiberisella
Glock-pistoolilla. Shakuriin osui neljä luotia; kaksi rintakehään,
yksi reiteen ja yksi käsivarteen. Yksi luodeista lävisti Shakurin
oikean keuhkon. Ikoninen räppäri Tupac Shakur kuoli
sisäiseen verenvuotoon perjantaina 13. syyskuuta 1996,
kuusi päivää ampumavälikohtauksen jälkeen.
Crips jengiä on arveltu syyllistynen Shakurin murhaan.

Ketään ei ole tuomittu Tupac Shakurin murhasta.

In the event of my Demise

In the event of my Demise
when my heart can beat no more
I Hope I Die For A Principle
or A Belief that I had Lived 4
I will die Before My Time
Because I feel the shadow's Depth
so much I wanted 2 accomplish
before I reached my Death

Räppäri ja runoilija Tupac Shakurin kirjoittama runo.

GANGSTA RAP

Gangsta-rap syntyi katujengikulttuureissa, erityisesti Los Angelesissa ja New Yorkissa, kaupungeissa, joissa vaikutti voimakas katujengikulttuuri. Gangsta rap sai jalansijaa erityisesti afroamerikkalaisten alueilla.

Gangstarapeissä rikollista jengikulttuuria edustavat miehet esittelevät aseita, naisia, rahaa, ylisuuria kultakoruja ja autoja, sanalla sanoen luksusta. Gangstarapin sanoitukset ovat väkivaltaisia ja hypermaskuliinisia.
Viha naisia kohtaan kuuluu monissa gangstarapkappaleissa.
Gangsta-rap ja gangstakulttuuri edustavat patriarkaalin kovinta ydintä höystettynä väkivallan ihannoinnilla.

Gangstaräppiä on pitkään tutkittu eräänlaisena köyhien ja/tai rodullistettujen nuorten miesten alakulttuurina.

Uhkaavasti esiintyvien ja AK-47 rynkkyjä heiluttelevien bling-bling räppäreiden esiintymiset on tulkittu uudenlaiseksi vastarintaidentiteetiksi. Todellisuudessa moni gangstaräppääjä on ollut rikollisen katujengin palkkalistalla.

Gangstaräppääjät ovat toimineet rikollisen ja äärimmäisen väkivaltaisen katujengikulttuurin lobbaajina.
Kyse on ollut gangstaelämäntyylin ihannoimisesta.
Gangstaräppääjien tehtävänä on ollut muokata rikollisesta katujengielämästä seksikästä ja tavoiteltavaa.

Ja he onnistuivat.
Yhtäkkiä nuoriso kaikkialla maailmassa kiinnostui gangstatyylistä. Gangstarap musiikkivideot olivat koukuttavia; aseita, huumeita, rahaa, paljasta naislihaa ja luksusta.

GANGSTA RAP

Gangsta-rap todellisuus on jo pitkään ollut kaukana tutkijoiden olettamuksista.

2020-luvun gangsta-rap on juuri sitä, mitä nimikin sanoo: väkivaltaa ihannoivaa ja väkivaltaan kiihottavaa katujengimusiikkia.
Se on musiikkia, jonka avulla rikolliset jengit viestivät toinen toisilleen, jopa siinä määrin, että nykyään asiantilan myöntää jopa poliisikin.

Ummehtuneita akateemisia käsityksiä, joiden mukaan gangsta-rap on nuorten viatonta alakulttuurimusiikkia, olisi siis syytä päivittää mitä pikimmiten.

Gangsta-rap ja gangstarappersoonat ovat rikollisen jengikulttuurin sanansaattajia.

Sillä aikaa, kun gangstaräppääjät paistattelevat parrasvaloissa, räppääjien taustallaan häärivät rikolliset katujengit.

Monella rikollisella jengillä on jengin värejä tunnustavia rapmuusikoita omistuksessaan. Rikolliset jengit myös sponssaavat aloittelevia räppäreitä.

Gangstar-apista on nopeasti tullut rikollisten jengien kanava, jonka avulla jengit rekrytoivat jäseniä ja saavat näkyvyyttä ja julkisutta.

Gansgta-rapin selkeistä epäkohdista huolimatta musiikin tutkijat ovat kohdelleet rikollista jengikulttuuria ihannoivaa gangsta-rappia silkkihansikkain.
Katujengien äärimmäisen väkivaltaista elämäntyyliä ihannoivaa musiikkia on käsitelty eräänlaisena viattomana, suorastaan lyyrisenä alakulttuurina.

THE NOTORIOUS B.I.G.
Christopher George Latore Wallace

Syntynyt: 21. toukokuuta 1972, Brooklyn, New York, Yhdysvallat
Kuollut: 9. maaliskuuta 1997 (24 vuotta), Los Angeles, Kalifornia, Yhdysvallat
Katujengi: South Side Compton Crips

Maaliskuun 5. päivänä 1997 Notorious B.I.G. kertoi radiohaastattelussa, että hän pelkäsi turvallisuutensa puolesta, samalla hän kertoi myös palkanneensa henkivartijat.
Kolme päivää radiohaastattelun jälkeen Wallace osallistui juhliin Los Angelesissa. Wallace poistui juhlista keskiyöllä Chevrolet Suburban katumaasturilla, johon Wallacen lisäksi nousi kolme muuta henkilöä. Auto lähti ajamaan kohti Wallacen hotellia puoli yhden jälkeen yöllä.

50 metrin ajon jälkeen auto pysähtyi punaisiin liikennevaloihin. Valoissa Wallacen auton viereen ajoi musta Chevrolet Impala. Impalasta avattiin tuli. Wallaceen osui neljä luotia, muut autossa olijat selvisivät vammoitta. Viimeinen neljästä luodista tunkeutui sisään Wallacen lonkan kautta ja osui sen jälkeen suolistoon, maksaan, keuhkoihin ja sydämeen. Räppäri kiidätettiin Cedars-Sinai sairaalaan, jossa hänet todettiin kuolleeksi kello 1.15. Wallacen ruumiinavauksessa todettiin, että ainoastaan viimeinen räppäriin osunut luoti oli ollut tappava.

Ketään ei ole tuomittu Biggie Smallsin murhasta.

> **Somebody gotta die**
> **If I go, you got to go**
> **Somebody got to die**
> **Let the gunshots blow**
> **Somebody got to die**

Somebody's Gotta Die -biisi
Kirjoittanut: The Notorious B.I.G.
Albumi: Life After Death - albumi julkaistiin 16 päivää
The Notorious B.I.G:n kuoleman jälkeen, 25.3.3997

DRILL-RAP
Kielletty musiikki

Drill-rap on rapin alaosasto, joka käyttää erittäin paljon jengirikollisuuteen ja väkivaltaan viittaavaa ilmaisua.
Drill-rapin olennaiset osat ovat väkivalta, väkivallalla uhkaaminen tai väkivallalla pröystäily.

Samalla drill-rap on rikollisten katujengien keino kommunikoida toisten rikollisjengien kanssa.

Drillin sanoituksissa uhkaillaan ja dissataan kilpailevia jengejä. Katujengimaailmassa drillrap sanoitukset ovat todellista totta. Rikollinen jengi saattaa aloittaa verisen jengisodan vain sen takia, että kilpaileva jengi on dissanut kyseistä jengiä drillsanoituksessa.

Jengit julkaisevat drillrapvideoitaan netissä, ja kuvissa dissaukseen ja uhkaukseen liitetään toista jengiä panettelevia käsimerkkejä ja tehdään tappamista, viiltämistä tai ampumista kuvaavia eleitä samalla kun musiikin sanoissa uhkaillaan.

Väkivaltaisesta ja rajun aggressiivisesta olemuksestaan huolimatta drill-rap on edelleen merkittävä räpin alalaji.

DRILL-RAP KIELLETTY MUSIIKKI

Drill-rapissa on vaikutteita gangstarapista. Sanoituksissa ihannoidaan väkivaltaa, aseita, huumeita, seksiä ja rikollisuutta yleensä.
Videoilla uhotaan, ja niissä esitellään merkkivaatteita, kalliita autoja, ökykelloja, aseita, rahaa ja huumeita.

2010-luvulla Lontoon Metropolitan Police alkoi seurata erityisesti drill rap -videoita YouTubessa. Poliisi oli huolissaan musiikin roolista Lontoossa rajusti lisääntyneeseen puukotusväkivaltaan. Lyhyessä ajassa kaupungissa tapahtui sarja väkivaltaisia, joskus jopa kuolemaan johtaneita puukotuksia, joiden uskottiin saaneen alkunsa drill-rapvideoilla esitetyistä uhkauksista.

Lontoolaisen Metropolitan poliisin mukaan drill-rap on raakaa, anteeksiantamatonta, kovaa, aggressiivista musiikkia, joka on yhteydessä katujengirikollisuuteen.
Joidenkin drill rap -videoiden sanoitukset ovat väkivaltaa ihannoivia ja kannustavat suoraan raakaan väkivaltaan. Videoissa on uhkauksia ja viittauksia kilpailevien katujengien välisiin jengisotiin.
Poliisi oli huolissaan siitä, että drill-rap videot lisäsivät katujengien välisiä jännitteitä, ja videot olivat kipinä, joka lisäsi katujengien väkivaltaa.

Sosiaalisen median alustoilla esitettävällä musiikilla todettiin olevan merkittävä rooli väkivallan lisääntymiseen. Lisäksi väkivaltaa ihannoivat ja tappoyllytyksiä sisältävät videot tavoittivat laajan yleisön, myös alaikäiset nuoret.

Britanniassa joidenkin rappaajien drill-musiikki on nyt pannassa.
The Met on kieltänyt drill-yhtyeitä julkaisemasta materiaalia tai esiintymästä keikoilla ilman ennakkoilmoitusta.

Ennakkoilmoitus tarkoittaa, että poliisi tarkistaa julkaistavan materiaalin etukäteen.

Drillmuusikoiden rajoituksiin on päädytty sen takia, että drillrapin kautta uhkailleet jengit aiheuttivat Lontoon alueella drillrapeillaan verisiä jengisotia.

Suomalainen poliisi on tietoinen drill-rapin merkittävästä vaikutuksesta rikollisessa katujengimaailmassa.

The Metropolitan Police alkoi tukia vaihtoehtoja, jotka mahdollistaisivat sen, että erityisen väkivaltaisten drill-rap videoiden esittäminen voitaisiin kieltää.

Poliisi aloitti yhteistyön YouTuben ja muiden musiikkivideoalustojen kanssa. The Met ilmoitti YouTubelle drill-rap -videoista, joita poliisi pitivät haitallisina tai rikolliseen toimintaan yllyttävinä. Poliisi pyysi, että nämä videot poistettaisiin alustalta. Ja niin tehtiin. Videot poistettiin. Samalla joidenkin drill-rap artistien esiintymisiä rajoitettiin ja kiellettiin lailla.
Poliisi kannusti myös levy-yhtiöitä ja artisteja pohtimaan sanoitustensa ja sisältöjensä vaikutusta yleiseen turvallisuuteen. Monet drill-rap taiteilijat poistivat tai muuttivat vapaaehtoisesti sellaista sisältöään, jota poliisi piti ongelmallisena.

Drill-rap musiikin esittämisen estäminen on herättänyt keskustelua. Kriitikoiden mukaan kyse on sananvapauden rajoittamisesta ja taiteen sensuroinnista. The Metin toiminnalla on kuitenkin laaja tuki, koska yleinen turvallisuus ja väkivallan vähentäminen ovat etusijalla.

Drill-rap on herättänyt keskustelua myös Suomessa. Antti Tuiskun ja helsinkiläisräppäri Madboialin *Baila por mi* biisiyhteistyö peruttiin.

Drillräppääjä Madboialin someseuraajat eivät tykänneet yhteistyöstä. Fanien raivoisa reaktio sai drillrapartistin vetäytymään yhteistyöstä Antti Tuiskun kanssa.

Julkisuudessa on vihjailtu selkeästi, että vetäytymisen taustalla oli avoin homofobia.

Tammikuussa 2024 Madboiali, oikealta nimeltään Alioune Dia, sai 10 vuoden vankeustuomion.

Tuomio napsahti törkeästä huumausainerikoksesta ja yhdestä ampuma-aserikoksesta.

NARCOCORRIDO
Huumeparoniballadi

Huumeballadi

Nimi *narcocorrido* perustuu perinteisten meksikolaisten kansanlaulujen nimeen, *corrido*. Corridoissa on aikojen kuluessa käsitelty sortoa, rikollisten arkea ja *vaquero*-elämäntapaa (meksilainen cowboy, lehmipaimen).

Narcocorridoissa ylistetään huumekartelleja ja erityisesti huumeparoneja. Huumeparonit jopa tilaavat itsestään kertovia narcocorrido-balladeja.

Musiikin esittäjän kannalta tällainen huumeparonin biisitilaus on varsin hankala tilanne. Huumeparonille ei voi sanoa ei, mutta koskaan ei voi olla varma siitä, pitääkö huumeparoni omasta narcocorridostaan. Kummassakin tapauksessa voi käydä täsmälleen yhtä huonosti: saattaa löytää itsensä kuolleena ojasta.

Narcocorridojen sisältö on muuttunut ajan myötä. Perinteisissä kappaleissa laulettiin "hyväntahtoisista" rikollisista, jotka ajautuivat rikollisuuteen köyhyyden takia, nykyään lauletaan aseista ja huumeista ja väkivallasta.
Narcocorridoissa käytetään paljon kiertoilmauksia kuten "pöly" kokaiinille ja "sarvi" AK-47:lle. Nykyiset narcocorridot ovat avoimesti väkivaltaisia, niissä mainitaan suoraan raskaat aseet ja ylistetään huumeparonien raakuuksia.

Narcocorridolaulajien elämä on vaarallista, sillä he saattavat joutua kilpailevien huumeparonien palkkamurhakohteiksi, kun he laulavat ylistyslauluja kilpailevalle huumeparonille.

Meksikossa on löydetty tapettuja narcocorridolaulajia, joiden sanomasta joku selvästikään ei ollut pitänyt.

EINÁR
Nils Kurt Einar Grönberg

Syntynyt: 5. syyskuuta 2002, Tukholma, Ruotsi
Kuollut: 21. lokakuuta 2021 (19 vuotta), Tukholma
Katujengi: Dalennätverket, Shottaz, Dödspatrullen

Einár oli Ruotsin suosituimpia räppäreita, ja hän vietti aikaa usean ruotsalaisten rikollisjengin seurassa. Ennen Einárin murhaa jengiläiset kidnappasivat hänet, ja julkaisivat räppäristä nöyryytysvideoita somessa. Oikeudenkäynti kidnappaajia vastaan oli alkamassa murhan aikoihin, ja Einár oli jutun päätodistaja. Einár tiesi olevansa hengenvaarassa ja käytti luotiliivejä. Einárilla oli suojattu osoite. Rikollisverkosto Shottaz-jengin johtajistoon kuuluva rap-artisti Yasin Byn tuomittiin osallistumisesta Einárin sieppaukseen keväällä 2020. Ruotsin suosituimpiin artisteihin kuuluva parikymppinen Yasin on kotoisin Rinkebystä.

Juuri ennen murhaansa Einár oli Tukholman Hammarby Sjöstadissa kahden Dödspatrullen jengiläisen (Kuolemanpartio) seurassa. Kolmikko oli polttamassa jointtia (marihuanasätkää) kerrostalon pyörävarastossa. Kolmikon poistuessaan varastosta tappajat olivat ulkopuolella odottamassa. Einár yritti juosta karkuun, mutta epäonnistui. Eináriin osui 20 laukausta, kasvoihin ja rintaan. Ampujan sanottiin olleen käsivarrenmitan päässä Einárista. Räppärin ampuminen oli puhdas teloitus.

Jälkeenpäin on epäilty, että Einárin seurassa olleet Dödspatrullen jäsenet olisivat kielineet räppärin olinpaikan ampujille. Einárin murhan epäillään olleen palkkamurha, poliisin mukaan Einárin kuolleen ruumiin kuvasta oli luvattu palkkio.
Ketään ei ole tuomittu Einárin murhasta.

Mamma förlåt, mamma, mamma förlåt
Alla ser mig som ett monster, du är den enda som förstår, mamma
Mamma förlåt, mamma, mamma förlåt
Det har aldrig varit meningen att såra dig så hårt, mamma

Biisi: Mamma förlåt
Kirjoittanut: Einár ja Sebastian Stakset
Albumi: <u>Livet efter döden, 2020</u>

JENGINUORI

Teineissä on eräs piirre, jota emme saa unohtaa: he ovat teinejä.
Jokaisella teinillä on oikeus tehdä virheitä.

Jenginuoret ovat paljon muutakin kuin jengiläisiä.
Jenginuoretkin menevät kotiin äidin luo, leikkivät pikkusisarusten kanssa,
halaavat isoäitejään ja ovat monessa asiassa kuin muut teinit.

Tavallisten teiniasioiden lisäksi rikollinen jenginuori joutuu
ajattelemaan ja pelkäämään kuolemaa.
Jengiläisen elämä ei ole helppoa eikä stressitöntä.

Nuoret saattavat liittyä jengeihin samalla tavalla kuin nuoret liittyvät
futisjoukkueeseen. Nuoret haluavat kuulua jonnekin, olla osa jotakin.
Myös jenginuoret viettävät aikaa keskenään
hengaillen, tekemättä yhtään mitään.
Rikosten tekemiseen kuluu lopulta vähän aikaa.

Monet katujengit ovat erittäin vaarallisia, eikä
katujengien väkivaltaa pidä vähätellä.

Pitää kuitenkin muistaa, että vastoin yleistä luuloa,
suurin osa nuorista ei kuulu jengeihin.

Rikollinen katujengi on jengi,
jonka päätehtävä on rikollisuus.
Katujengin tavoitteena on tienata nimenomaan rikollisuudella.
Tavalliset teinijengit eivät ole rikollisia katujengejä.

Katujengiongelma ei silti pidä vähätellä, ei edes Suomessa.

135

KATUJENGIT SUOMI

Tässä luvussa tarkastellaan
suomalaista katujengitilannetta
ja siihen liittyviä ilmiöitä.

KOVIA TUOMIOITA

Suomessa on arviolta kymmenkunta katujengiä. Näissä jengeissä on yhteensä parisataa jäsentä. Poliisille kuitenkin tulee koko ajan tutkittavaksi uusia katujengirikoksia. Pääosin epäillyt ovat ulkomaalistaustaisia

Suomen ensimmäinen todellinen jengisota alkoi Espoolaisen Puhoksen ostoskeskuksessa tapahtuneesta puukotuksesta. Vihanpito oli näkynyt ulospäin jo ennen puukotusta, muun muassa jengeihin linkittyvien rap-artistien julkaisemilla musiikkivideoilla, joissa viitattiin kilpaileviin jengeihin.

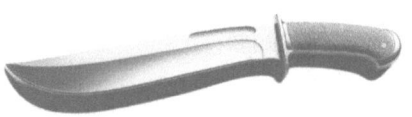

Helsinki, Puhoksen ostari
Kesäkuun 14. Päivä14.6.2021
Kurdish Mafian ja L-Cityn vihanpito alkaa.

Kaikki alkoi siitä, kun espoolaiseen L-City-jengiin kuuluva mies puukotti Kurdish Mafia-jengiin kuuluvaa nuorta miestä. Puukotus tapahtui helsinkiläisellä Puhos-ostarilla.
Puhos oli aikoinaan Suomen suurin ostoskeskus, mutta vuosien mittaan ostari on rapistunut ja nykyään se on suosittu maahanmuuttajataustaisten ihmisten kohtaamispaikka.
Juuri tuolla ostarilla räppäri Kerza, eli Kerim Muslah puukotti Ardar Huseinia. Puukottaja kuului espoolaisjengiin ja puukotettu oli itähelsinkiläisen jengin jäsen. Jengisodalle oli siis varsin hyvät edellytykset.

Muslah tuomittiin teosta kolmeksi vuodeksi vankeuteen. Muslahin oikeudenkäynnin yhteydessä ei kuitenkaan mainittu katujengiyhteyksiä, eikä Muslah siis saanut JR-tuomiota, eli järjestäytyneeseen rikollisuuteen liittyvää, kovennettua tuomiota.

Puukotus herätti pahaa verta Kurdish Mafia-jengin jäsenissä, ja he alkoivat uhkailla puukottajaa ja jopa puukottajan perhettä.
Sosiaalisessa mediassa julkaistiin kilvan toista jengiä dissaaavia kuvia ja videoita. Molemman jengin räppärit tekivät musiikkia, jonka sanoituksissa ja eleissä ja uhkailtiin ja dissattiin toista jengiä.

Espoo, omakotitaloalue
Syyskuun 5. päivä 2021
Ampuminen
Milan Jaff ja Mohamud Yahue Mahdi yrittävät tappaa
L-City-jengiin liittyvän räppärin.

Mohamud Yahue Mahdi, joka tunnetaan paremmin räppäri Cavallinina, ampui noin 10 laukausta kohti omakotitaloa, jossa oli käynnissä kotibileet.
Jotkut laukauksista osuivat talon ikkunoihin, mutta luodit eivät läpäisseet kolmikerroksisia ikkunoita.
Tutkimuksissaan poliisi totesi, että jos yksi laukauksista olisi läpäissyt ikkunan, luoti olisi osunut sisällä olleeseen henkilöön.
Kaiken kaikkiaan talossa oli juhlimassa noin 40 henkilöä.

Pääkaupunkiseutu
2.10.2021–8.10.2021
Kaivohuoneen iskun suunnittelu

Milan Jaff, Mohamud Yahue Mahdi ja seitsemän muuta miestä valmistautuivat helsinkiläisen Kaivohuone-ravintolan hyökkäykseen.

Kaivohuoneella oli alkamassa raptapahtuma, jossa esiintyjinä oli kaksi L-City katujengiin liitettyä räppäriä: YB026 & Nuteh Jonez.

Poliisilla oli kuitenkin jo etukäteen ollut varmaa tietoa suunnitellusta iskusta.

Poliisi oli aikaisemmin asettanut kuuntelulaitteet Milan Jaffin autoon.
Autossa nauhoitettujen keskustelujen ansiosta poliisi sai vihiä hyökkäyksestä, kun Milan Jaff ja Mohamud Yahue Mahdi keskustelivat autossa iskusta varsin yksityiskohtaisesti. Mohamud Yahue Mahdi sanoi nauhalla, että isku kannattaisi tehdä soundcheckin aikana, jolloin ravintolassa ei olisi yleisöä. Hän ehdotti myös, että ravintolaan kannattaisi hyökätä sekä etu- että takakautta.

Iskua suunnittelivat Milan Jaff (s. 2000), Kurdish Mafia-jengin johtaja ja räppäri Cavallini, oikealta nimeltään Mohamud Yahue Mahdi (s. 1995).

Outoa kaivohuonehyökkäystilanteessa oli se, että Cavallinilla, Mohamud Yahue Mahdi, oli vahvat kytkökset Pikku-Huopalahteen.
Cavallinin jopa epäiltiin kuuluvan Pikku-Huopalahdessa toimivan P-Block -katujengin johtohahmoihin.
Cavallinia pidettiin yleisesti varsin menestyneenä räppärinä. Soolouransa lisäksi Cavallini tunnettiin *Cavallini & Shrty* –duosta. Cavallini & Shrty kuului JVG-kaksikko Jare Brandin ja Ville Gallen PME records -levy-yhtiöön.
Jostain syystä menestynyt räppäri Cavallini kuitenkin päätti lähteä kilpailevan jengin, Kurdish Mafian johtohahmon, Milan Jaffin mukaan suunnittelemaan hyökkäystä Kaivohuoneelle lokakuussa 2021.

Kaivohuoneen hyökkäyksen kohde olivat espoolaisen L-City-jengin jäsenet, mutta iskun pääkohde oli Kaivohuoneella esiintyvä räppäri Yutu Brown/YB026, numero viittaa Leppävaaran postinumeroon: 02600.
Brown otettiin kohteeksi koska tämä oli *"feimi"*, eli tunnettu. Poliisin salanauhoituksessa kuuluu, kun Cavallini sanoo:
"Tehdään niille niin pahaa, että ne ei pysty liikkuu."

Oikeudessa kuultiin poliisin tilakuuntelutallennetta, joka oli äänitetty Milan Jaffin autosta. Tilakuuntelutallenne tarkoittaa, että poliisi oli asentanut Jaffin autoon salakuuntelulaitteen.

Hyökkäyspäivänä Cavallini oli vuokrannut iskua varten Cadillac Escalade-merkkisen auton. Rikolliset katujengit kautta maailman suosivat Cadillac Escalade autoa sen koon ja röyhkeän ulkonäön vuoksi.

Kaivohuoneelle lähtevään autoon oli noussut Milan Jaff, Cavallini muut iskussa mukana olleet.
Auto suuntasi Kaivohuoneelle, jossa poliisi otti rikosremmin kiinni.

Myöhemmin *Cavallini,* Mohamud Yahue Mahdi, tuomittiin 9 vuoden vankeuteen. Milan Jaff sai 10 vuoden tuomion.

KOVIA TUOMIOITA

Tuomion mukaan Jaff on helsinkiläisen Kurdish Mafia 47 -nimellä tunnetun järjestäytyneen rikollisryhmän johtohahmo.

Jaff tuomittiin muun muassa pahoinpitelystä, tapon yrityksestä, ampuma-aserikoksesta, törkeästä ryöstöstä, huumausainerikoksesta ja törkeästä henkeen tai terveyteen kohdistuvasta rikoksen valmistelusta.

Jaffin tuomiota kovennettiin ja hänen aiemmin saamat ehdolliset vankeusrangaistuksensa muuttuivat ehdottomiksi, sillä hän ei ollut ottanut opikseen eikä lopettanut rikosten tekemistä.

Cavallini tuomittiin tapon yrityksestä, ampuma-aserikoksesta, törkeästä ryöstöstä, törkeästä vapaudenriistosta, huumausainerikoksesta ja törkeän henkeen tai terveyteen kohdistuvan rikoksen valmistelusta.

Oikeus katsoi, että tuomitut kuuluivat järjestäytyneisiin rikollisryhmiin. Sen takia oikeus kovensi tuomioita.

Raskaiden tuomioiden toivotaan vaikuttavan pelotteen tavoin muihin nuoriin, jotta he ymmärtäisivät, että katujengirikoksista seuraa vuosikausia kestävä vankilareissu.

Katujengirikollisuus on suurinta pääkaupunkiseudulla, mutta poliisin mukaan merkkejä katujengirikollisuudesta on löydetty myös Turussa, Tampereella ja Oulussa.

Katujengirikollisuus on etabloitunut Suomeen, ja se on tullut meille jäädäkseen. Rikollisten katujengien kanssa on opittava elämään.

MERI-RASTILA

Lokakuun 1. päivänä 2021 hätäkeskukseen tulee useita soittoja. Helsingin Vuosaaressa on kuultu laukauksia.

Puheluissa ammuskelupaikaksi kerrotaan Meri-Rastila ja erityisesti Harustie. Ulkona on nähty mies, joka on juossut kovaa vauhtia karkuun toisia miehiä. Pakenevan miehen perään oli huudettu englanninkielisiä tappouhkauksia.

Ennen tuota ampumavälikohtausta mies oli ollut asunnossaan erään naisen kanssa. Naisen mukaan mies oli saanut puhelinsoiton kello 21.30, jonka jälkeen mies oli lähtenyt ulos.
Kun mies myöhemmin palasi asuntoon, hänellä oli vertavuotava ampumavamma jalassaan. Palatessaan mies sanoi englanniksi:
"They had a gun", heillä oli ase.

Poliisipartio saapui paikalle Harustiellä sijaitsevaan asuntoon.
Mies kertoi - varsin vastahakoisesti - poliisille, että häntä olisi ammuttu tupakasta alkunsa saaneen riidan takia.
Mies kertoi myös, että riidan toiset osapuolet olivat hänelle jollain tapaa tuttuja.
Mies kertoi poliisille myös, että häntä ampunut mies vaikuttaisi RK-98-nimellä tunnetussa katujengissä.
Järkyttynyt mies suostui puhumaan poliisille jonkun verran, mutta poliisin mielestä vaikutti koko ajan siltä, ettei mies olisi halunnut selvittää asiaa.

Poliisi alkoi tutkia tapausta ja etsiä epäiltyä ja pian löytyikin hylsy.
Poliisin esitutkinnassa paljastui, ettei riidassa ollut kyse tupakasta, vaan taustalla olisi velka.

Poliisi sai myös selville, että ampumisesta liikkui paljon huhuja paikallisessa, vuosaarelaisessa somaliyhteisössä. Ampumavälikohtauksen miehet olisivat kuulemma riidelleet velasta aiemminkin. Tutkinnan edetessä poliisi yllättyi. Valkeni, ettei kyse ollut yksittäisestä ampumatapahtumasta, vaan taustalla oli isompi rikosvyyhti.

Koko vyyhti alkoi purkautua vasta kesäkuussa 2022, Vuosaaren McDonald's-ravintolan pihassa tapahtuneen ampumisen jälkeen.

Kun poliisi selvitti Mäkkärin ampumistapauksen pääepäillyn liikkeitä tarkemmin, selvisi, että samaa miestä voitiin epäillä myös Harustien ampumisesta lokakuussa 2021.

Alkoi *"Case Kirahvi"*, joka oli vuosaarelaisen RK-98-katuengiin liittyvän tutkinnan salanimi. RK-98-jengin jäseniä epäiltiin tapon yrityksestä, törkeistä huumausainerikoksia, törkeistä ryöstöistä ja törkeästä henkeen tai terveyteen kohdistuvan rikoksen valmistelusta.
Varsin raskaita rikoksia kaikki. Syytettyinä oli toistakymmentä ihmistä.

RK-98-jengin toiminnan ytimenä oli tekaistujen velkojen, niin sanottujen katusakkojen, periminen. Katusakko on täysin keksitty velka, ja katujengi perii velkaa varsin voimallisesti. RK-98 käytti perimisen apuna ampuma-aseita.

Moni juttuun liittyvä kuulusteltava pelkäsi puhumista. Jotkut todistajista pelkäsivät katujengiä niin paljon, että he valehtelivat poliisille suoraan päin naamaa. RK-98 katujengi oli lyhyessä ajassa onnistunut luomaan Vuosaareen ja Meri-Rastilaan vahvan pelon ilmapiirin.

Poliisin mukaan pelosta oli merkkejä jo syyskuussa vuonna 2021, kun Vuosaaren Jauhajankujalla tapahtuneen ryöstön uhri ei halunnut puhua poliisille.

Jauhajankujalla ryöstetty nuori mies soitti ryöstön jälkeen itse hätäkeskukseen. Mies kuulosti hätääntyneeltä ja kertoi puukoista ja puukolla uhkaamisesta. Kolme miestä oli ryöstänyt hänet. Mies oli istunut autossaan, kun viereen ajoi kaksi autoa. Sen jälkeen kolme miestä ryösti miehen teräaseella uhaten.
Poliisi epäili ryöstäjiksi vuosaarelaisen RK-98-katujengin jäseniä.

MERI-RASTILA

Kun ryöstöä käsiteltiin oikeudessa toukokuussa 2023, mies ei enää muistanut tapahtumia, eikä halunnut kommentoida niitä millään tavalla.

Poliisi kohtasi saman hiljaisuuden muurin, kun poliisi uudelleen kuulusteli miestä, jota oli ammuttu jalkaan lokakuussa 2021. Ammuttu mies sanoi poliisille, että hän halusi repiä aiemmat kuulustelupaperinsa, koska oli kuulemma kertonut poliisille väärää tietoa.

Kun juttua käsiteltiin oikeudessa, käräjäoikeuden totesi, että RK-98-jengi täytti järjestäytyneen rikollisuuden tunnusmerkit. Oikeuden mukaan jengi oli ollut olemassa vähintään vuodesta 2021.

Huumausaineet rikoksentekoon RK-98 oli hankkinut ruotsalaiselta, erittäin vaaralliselta Dödspatrullen-jengiltä. Dödspatrullen taas oli hankkinut huumeet pahamaineiselta, ruotsalaiselta Foxtrot-verkostolta.

Heinäkuussa 2023 Helsingin käräjäoikeus totesi, että RK-98 katujengin ushteen rikollisryhmän tunnusmerkit toteutuivat, jolloin oli peruste koventaa rangaistuksia.

Kaikkiaan 12 epäiltyä sai ehdottoman vankeustuomion.

Pisimmän tuomion, 8 vuotta vankeutta, sai RK-98 johtohahmo, vuonna 1998 syntytnyt somalitaustainen mies.

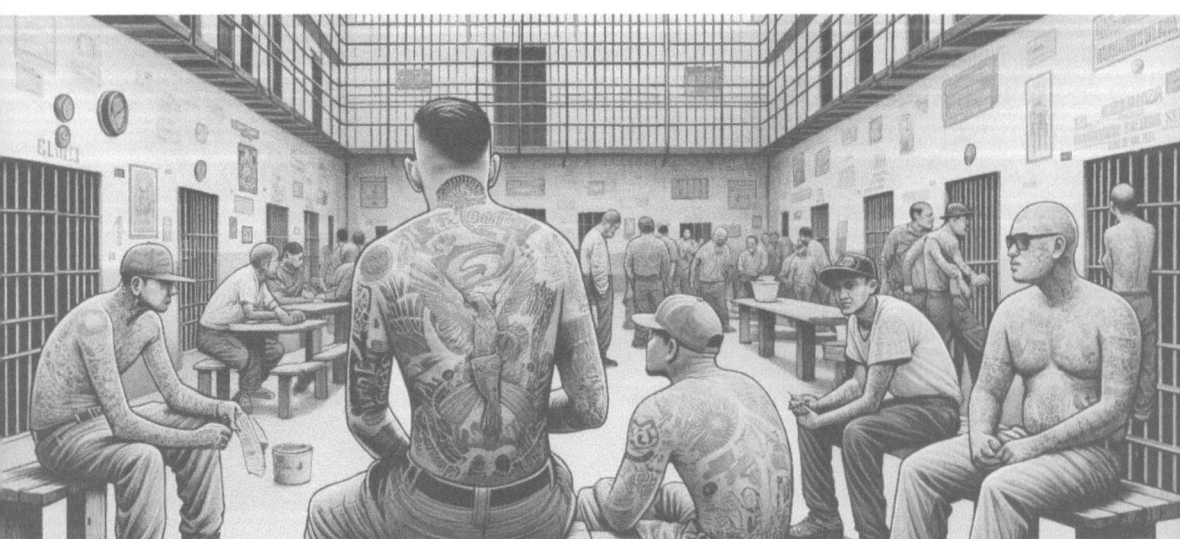

SYMBOLIVAIKUTUS

Jengit eivät valvo tai omien vaatteiden tai symbolien käyttöä.
Kuka tahansa voi pukeutumisensa avulla antaa vaikutelman jengijäsenyydestä.
Monet nuoret käyttävät roikkuvia jengivaatteita,
koska jengityylillä on voimakas positiivinen viesti nuorten keskuudessa.
Nuoret miehet eivät käytä vaatteita siksi, että olisivat jengissä, vaan siksi,
että haluavat tehdä vaikutuksen. Jengivaatteet vetoavat nuoriin,
koska jengityyli uhkuu valtaa, vahvuutta ja vaurautta.
Jengimaailman tyylit tulevat nuorille tutuiksi sosiaalisen median kautta.

Jengitutkijat vertaavat jengipukeutumista urheilupukeutumiseen. Jos joku
käyttää joukkuepaitaa, se on merkki siitä, että hän kannattaa joukkuetta,
mutta pelipaita ei ole merkki siitä, että hän pelaisi joukkueessa.

Sama ilmiö nähdään jengipukeutumisessa; jengiasuun ja -väreihin
pukeudutaan usein vain siitä syystä, että
pitää juuri sitä rikollisjengiä coolina.
Todellisuudessa oikeat ja vaarallisimmat
jengijäsenet usein pyrkivät välttelemään
ulkoisia jengitunnuksia, ettei poliisi
turhaan tunnistaisi heitä.

VANKILAT SUOMESSA

Katujengivankien aiheuttama uhka.

Vankiloissa istuvien katujengiläisten ja perinteisten liivijengiläisten, eli moottoripyöräjengiläisten, välit ovat kiristyneet äärimmilleen.

Tiukasta valvonnasta huolimatta kaikissa vankiloissa tapahtuu laitonta huumekauppaa. Vankiloiden huumekauppa on erittäin tuottoisaa, siksi se on vankien keskuudessa haluttua bisnestä.

Aikaisemmin suomalaisten vankiloiden huumekauppa on pitkälti ollut perinteisten liivijengien käsissä. Vankiloihin ilmestyneet katujengivangit ovat kuitenkin ottaneet väkivaltaisesti yhteen liivijengiläisten kanssa.

Molemmat kuuluvat JR-vankien ryhmään, eli järjestäytyneen rikollisuuden ryhmään.

Vankiloissa istuvat rikolliset katujengit ovat alkaneet havittelemaan itselleen vankiloiden huumemyyntimonopolia. Tilanne suomalaisissa vankiloissa on sen takia muuttunut erittäin uhkaavaksi, erityisesti jos samassa vankilassa on katujengiläisiä ja liivijengiläisiä.

Vankilan harmaa talous, eli pääasiassa huumeiden ja päihteiden myynti, on rahakasta puuhaa. Päihteet ovat vankilassa huomattavan kalliita siksi, että niitä on vaikea salakuljettaa vankilan sisälle.

Rikollisten katujengiläisten väkivaltainen käyttäytyminen eroaa muiden vankien käyttäytymisestä. Katujengivangit eivät kunnioita minkäänlaista viranomaista ja katujengiläiset ovat väkivaltaisempia ja piittaamattomampia kuin muut vangit.

Jengiväkivallan hallinta vaatii erityistä osaamista ja koulutusta, jota kaikilla vanginvartijoilla ei välttämättä ole. Vanginvartijat pelkäävät, että vankiloissa käynnissä oleva laittoman kaupan valtasiirtymä saattaa aiheuttaa suomalaisissa vankiloissa vakavia järjestysongelmia.

VANKILAT SUOMESSA

Mantaqavangit vaarallisia

Lokakuussa 2022 pitkiin vankeusrangaistuksiin tuomitut monikulttuurisen Mantaqa rikollisjengin jäsenet ovat vankilassakin uhka. Tällä hetkellä vankilassa istuu Mantaqan johtoportaaseen kuuluneet kolme al-Maseudi veljestä ja pari-kolme muuta rikollisjengin johtoon kuulunutta henkilöä.

Väkivalta ja aggressiivisuus lisääntyy kaikissa niissä vankiloissa, joihin Mantaqa -jengin jäseniä on sijoitettu. Jengin jäsenet käyttäytyvät avoimen hyökkäävästi sekä vartijoita että muita vankeja kohtaan.

Määräämätön vankeus
Suomen hallitus haluasi haluaa sulkea rikollisia, muitakin kuin murhaajia, määräämättömäksi ajaksi vankilaan.

Tällä hetkellä pisin vankeusrangaistus Suomessa on elinkautinen.
Elinkautisesta voi päästä ehdonalaiseen vapauteen aikaisintaan 12 vuoden vankeuden jälkeen. Keskimäärin Suomessa vangit istuvat elinkautista noin 14,5 vuotta.

Suomen hallitus kaavailee uutta rangaistusta, joka tarkoittaisi, että erittäin vaarallisiksi katsotut vangit voisivat joissakin tapauksissa joutua istumaan koko loppuelämänsä vankilassa.

Vankeutta voitaisiin jatkaa vangin elämän loppuun saakka, jos katsottaisiin, että vanki olisi vakavaksi vaaraksi muille ihmisille.
Niin sanottuun varmuusvankeuteen tuomittu rikollinen ei pääsisi vapaaksi istuttuaan tuomionsa, vaan vangitsemistaan voitaisiin jatkaa, jos arvioitaisiin, että vanki yhä edelleen on vaaraksi muille.

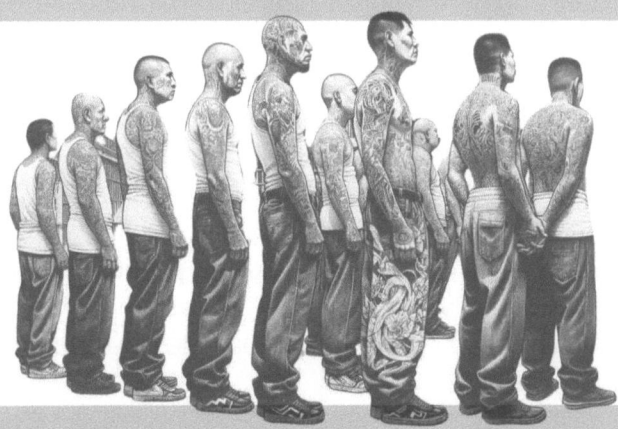

RAHAPESU

Huumekauppa on erittäin tuottoisaa, mutta sen suurimpia ongelmia on se, että sitä käydään käteiskauppana. Huumerahoja on vaikea piilottaa vaikkapa pankkien tileille, koska pankkien on selvitettävä, mistä isot rahasummat ovat peräisin. Tarvitaan siis rahapesua

Huumemyyjä, joka yrittää tallettaa tuhansia euroja pankkiin ilman että rahojen alkuperälle on laillinen syy, voi olla aika varma siitä, että pankissa kysellään käteisvarojen alkuperästä. Pankkien on pakko selvittää, mistä rahat ovat peräisin. Jos isoille rahoille ei löydy laillista selitystä, talletuksesta tulee poliisiasia.

Sama selvitysvaatimus koskee yrityksiä. Jos joku yrittää ostaa vaikkapa auton kymmenen tuhannen euron käteissummalla, autoliikkeen on selvitettävä rahojen alkuperä. Jos autoliike ottaa vastaan suuria käteissummia selvittämättä rahojen alkuperää, autoliikettä odottaa mojovat sakot.

Rahapesu on prosessi, jonka tarkoituksena on muuttaa laittomasti hankitut varat laillisiksi rahoiksi. Rahapesu on keskeisen tärkeää rikollisjärjestöille, jotka haluavat peittää varojen alkuperän ja integroida rahat lailliseen talousjärjestelmään.

Rahapesun tarkoituksena on saada huumemyynnillä tienatut rahat laillisesti pankkitilille.

Yksi tapa on tallettaa huumemyynnistä saadut rahat monelle eri pankkitilille. Talletukset tehdään niin pieninä summina, etteivät ne kiinnosta pankkia. Kun summat ovat tilillä, ne ujutetaan eteenpäin rikollisten tileille.
Eri tilinomistajat voivat olla tavallisia ihmisiä, rikollisten sukulaisia tai jengiläisten ystäviä. Katujengi maksaa tilinomistajalle siitä, että jengi saa käyttää tiliä. Joskus tilinomistaja pakotetaan antamaan tili rikollisen jengin käyttöön.

Tilinomistajat voivat myös olla erilaisia pikkuliikkeitä ja kauppoja, joissa käteisen käyttö on yleistä. Oma yritys on helppo perustaa - kommandiittiyhtiön perustaminen ei maksa mitään - ja noin! omistaa kätevän rahapesuyrityksen.

RAHAPESU

Esimerkkejä tällaisista rikollisista rahapesuyrityksistä ovat vaikkapa: pizzeriat, kebabravintolat, kosmetologit, kampaajat, rengasfirmat, autopesufirmat ja manikyristit.

Kaikissa edellä mainituissa kaupoissa käytetään käteistä rahaa.
Huumeista maksetaan pienillä seteleillä, ja yllä mainituissa yrityksissäkin käytetään huumekaupalle tyypillisiä, sopivan kokoisia, 5, 20 ja 50 euron seteleitä.

Pizzerian tai kampaamon omistajan on helppo viedä tukku 20 ja 50 euron seteleitä pankkiin, koska hän voi sanoa myyneensä pitsoja käteisellä.

Kampaaja taas on juhla-aikana tehnyt paljon juhlakampauksia - käteisellä, totta kai!

Yritykset voivat esittää myyntitapahtumasta kuitin – vaikka mitään ei myyty eikä tuotettu. Olemattomia hiustenleikkuita tai pitsoja on liki mahdotonta todistaa.

Rikollisjengi Mantaqa pesi huumerahaa autokorjaamo- ja parturitoiminnalla. Vuonna 2022 Mantaqa jengin johtajat tuomittiin vankeuteen. Kaiken kaikkiaan pidätetyiltä jengijohtajilta takavarikoitiin 100 000 euroa käteistä rahaa.

Kampaamoissa ja pizzeriossssa on lisäksi se etu, että niissä voi myydä palveluja tai tuotteita itse valitsemallaan hinnalla.
Pizzasta saa pyytää sata euroa – tai viisi euroa.
Kampaaja saa leikellä tukkaa vitosella tai satasella, se on kampaajan päätettävissä.
Renkaita voi vaihtaa, vaikka femmalla ja autoja pestä kympillä.

Asiakkaan pitäisi aina suhtautua kuuden euron pizzoihin ja kympin-parin hiustenleikkuuseen äärimmäisen epäluuloisesti.
Tällaisissa tilanteissa voi olla syytä
epäillä rahapesua.

Lähteet ja kirjallisuus

1 200 gängkriminella är minderåriga, 2022, SVT, https://sverigesradio.se/artikel/polisen-1-200-gangkriminella-ar-minderariga

8-åriga barn rekryteras till kriminella gäng – nu kallar polisen till möte, 2023, SVT, https://sverigesradio.se/artikel/8-ariga-barn-rekryteras-till-kriminella-gang-nu-kallar-polisen-till-mote

36 elever sakanas på Sjumilaskolan, 2023, SVT, https://www.svt.se/nyheter/lokalt/vast/36-elever-saknas-pa-sjumilaskolan

Alexandra, 21, finns med på "dödslistan" – vågar inte gå ut, 2023, TV4, https://www.tv4.se/artikel/5Qg7K1GMY0n4FleeYsqvy/alexandra-21-finns-med-pa-doedslistan-vagar-inte-ga-ut

Auer, A-M., Lehmusvirta, L., 2022 Rikosmyönteisyys ja roadman-ilmiö nuorten rikosseuraamusasiakkaiden asenteissa, Laurea, https://www.theseus.fi/bitstream/handle/10024/781027/Auer_Lehmusvirta.pdf?se-

Blodiga dygnen i vålsspiralen, 2023, Aftonbladet, https://www.aftonbladet.se/nyheter/a/9zAmb9/uppsala-hamndspiral-efter-mord-pa-mamma-koppling-till-kurdiska-raven

Bogazianos, D. A., 2011, 5 Grams : Crack Cocaine, Rap Music, and the War on Drugs, New York University Press.

Brand i Botkyrka, flera skadade, 2023, SVT, https://www.svt.se/nyheter/lokalt/stockholm/brand-i-botkyrka-flera-skadade

Barriärer mot brott – en socialpreventiv strategi mot kriminella nätverk och annan brottslighet 2023 https://www.regeringen.se/contentassets/72109fc152714ac1bc364f3020bd4073/barriarer-mot-brott--en-socialpreventiv-strategi-mot-kriminella-natverk-och-annan-brottslighet-skr.-20232468

Boken "Tills alla dör" blottlägger Sveriges problem med gängkriminaliteten – den nya kriminella generationen vill synas så mycket som möjligt, 2017, Svenska Yle, https://svenska.yle.fi/a/7-10001964

Bruneau, Thomas C., et al., 2011, Maras : Gang Violence and Security in Central America, University of Texas Press.

Changing Course Preventing Gang Membership, 2013 U.S. Department of Justice Office of Justice Programs National Institute of Justice, https://www.ojp.gov/pdffiles1/nij/239234.pdf

Cohen, A. K. (1955) Delinquent Boys: The Culture of the Gang. New York: The Free Press.

Covey, H.C. 2010. Street Gangs Throughout the World. Second Edition. Charles C Thomas Publisher ltd.: Springfield.

Criminal Division, U.S. Department of Justice https://www.justice.gov/criminal/criminal-vcrs/gallery/criminal-street-gangs

Danielsson, P., 1/2004, Haaste, https://rikoksentorjunta.fi/-/haaste-1-24-poliisin-katujengitilannekuva-edistaa-katujengirikollisuuden-torjuntaa

Densley, J.A. 2013. How Gangs Work. An Ethnography of Youth Violence. Basingstoke, UK: Palgrave Macmillan.

Densley, J., Moser, K. S. & Whittaker, A., 2020. No two gangs are alike: The digital divided in street gangs' differential adaptions to social media.

Dalennätverket – ena parten i våldsvågen, 2023, Svenssons Nyheter, https://blog.zaramis.se/2023/05/18/dalennatverket-ena-parten-i-valdsvagen/

Diamant Salihu: "Det är en form av radikalisering", 2022/uppdaterad 2023, Filter, https://magasinetfilter.se/samtal/diamant-salihu-det-ar-en-form-av-radikalisering/

Did you know…gangsters gave out compliment cards?, 2023, https://beyondthestreets.com/blogs/articles/did-you-know-gangsters-gave-out-compliment-cards

Duffy, M., Gillig, S., 2004, Teen Gangs : A Global View.

"Dödslista" har spridits på sociala medier – skapar stor oro, 2023, https://www.aftonbladet.se/nyheter/a/kEVd7a/dodslista-sprids-pa-sociala-medier-allierade-med-rawa-majid

Dödspatrullen toi Suomeen pahamaineisen Kurdiketun huumeita, sanoo Ruotsin poliisi, Yle, 2023, https://yle.fi/a/74-20066048

Elever saknas från skolor – tros ha flytt våldet. Aftobladet, 2023. https://www.aftonbladet.se/nyheter/a/q1BJ1m/elever-saknas-fran-skolor-tros-ha-flytt-valdet

Elever saknas i Uppsala – tros ha flytt våldet, 2023, Uppsala Tidning, https://unt.se/nyheter/uppsala/artikel/elever-saknas-pa-skolor-i-uppsala-tros-ha-flytt-valdet/rgvd2yxr

euronews., 2022, Meta shouldn't have banned drill song despite police pressure, board says, https://www.euronews.com/culture/2022/11/22/meta-shouldnt-have-banned-drill-song-despite-police-pressure-board-says
uronews., 2022, Meta shouldn't have banned drill song despite police pressure, board says, https://www.euronews.com/culture/2022/11/22/meta-shouldnt-have-banned-drill-song-despite-police-pressure-board-says

Experten: Så hanterar du tystnadskulturen, 2022, Vi Lärare, https://www.vilarare.se/nyheter/vald-i-skolan/experten-sa-hanterar-du-tystnadskulturen

Fatsis,L., 2019, Policing the beats: The criminalisation of UK drill and grime music by the London Metropolitan Police, The Sociological review, 67/6

FBI on gangs: https://www.fbi.gov/investigate/violent-crime/gangs

Flyr för att rädda sina söner från gängvåldet, 2021, https://www.aftonbladet.se/nyheter/a/M3Eaom/flyr-for-att-radda-sina-soner-fran-gangvaldet

Frequently asked questions about street gangs, National gang Center https://nationalgangcenter.ojp.gov/about/faq

Gardaí recommend Daniel Kinahan be charged over Eddie Hutch murder, 2024, Irish Independent, https://www.independent.ie/irish-news/courts/gardai-recommend-daniel-kinahan-be-charged-over-eddie-hutch-murder/a1176621245.html

Hallitus haluaa sulkea muitakin kuin murhaajia määräämättömäksi ajaksi vankilaan – asiantuntijat skeptisiä, 2023, Helsingin Sanomat, https://www.hs.fi/politiikka/art-2000010062676.html

Hoten från gängen – så drabbas lärare av våldet, 2022, Vi Lärare, https://www.vilarare.se/nyheter/vald-i-skolan/hoten-fran-gangen--sa--drabbas-larare-av-valdet/

Gängen i Stockholm – Dalennätverket, 2023, krimfup.se, https://www.krimfup.se/articles/gangen-i-stockholm-dalennatverket

Gängen i Stockholm – Dödspatrullen, 2023, krimfup.se, https://www.krimfup.se/articles/gangen-i-stockholm-dodspatrullen

Gängen i Stockholm – Shottaz, 2023, krimfup.se, https://www.krimfup.se/articles/gangen-i-stockholm-shottaz

Harkness, G., 2014, Chicago Hustle and Flow : Gangs, Gangsta Rap, and Social Class, University of Minnesota Press.
Hazen. J., & Rodgers, D., 2014, Global Gangs : Street Violence Across the World, University of Minnesota Press.

Herd, D., 2009, Changing images of violence in Rap music lyrics: 1979–1997, Journal of Public

Health Policy Vol. 30, 4, 395–406.

Howell, J.C., 2015, The History of Street Gangs in the United States : Their Origins and Transformations, Lexington Books.

Isdal, P., 2001, Meningen med våld. Stockholm: Elanders Gotab.

Jengiläisten välit vankiloissa kiristyneet neljästä syystä – väkivaltaisia yhteenottoja onnistuttu estämään, 2023, MTV, https://www.mtvuutiset.fi/artikkeli/jengilaisten-valit-vankiloissa-kiristyneet-neljasta-syysta-vakivaltaisia-yhteenottoja-onnistuttu-estamaan/8811746#gs.24k4ft

Jukarainen, P., Juutinen, M., ja Laitinen, K. 2023, Järjestäytynyt rikollisuus Suomessa Katsaus järjestäytyneen rikollisuuden toimijoihin ja markkinoihin, Polamk, https://urn.fi/URN:NBN:fi-fe2023050541104

Junninen, Mika: Suomalaisten vankiloiden turvallisuus. HEUNI, Publication Series No. 58. Rikosseuraamuslaitoksen julkaisuja 5/2008.
Johansson, B., 2001, Att slåss för erkännande. En studie i gatuvåldets dynamik. Örebro: Trio Tryck AB.

Kaplan, D.E., & Dubro, A., 2012, Yakuza : Japan's Criminal Underworld, University of California Press.

Kauppinen, Mari: Prosenttijengistä irtautuminen ja irtautumisen tuki vankeusrangaistuksen sekä ehdonalaisen vapauden valvonnan täytäntöönpanon aikana. Pro gradu-tutkielma 2017.

Klein, M., 1995, The American Street Gang: It's Nature, Prevalence, and Control. New York. Oxford University Press.

Klein, M. W., Maxson, C.L., 2006, Street Gang Patterns and Policies, Oxford University Press, Incorporated.

Klein, M. W. 1996. Gangs in the United States and Europe. Teoksessa European Journal on Criminal Policy and Research. PDF-dokumentti. Amsterdam/New York: Kugler Publications, 63–80.
Klein, M. W., Kerne, H-J., Maxson, C.L.., Weitenkamp, E.G.M., 2001, The Eurogang Paradox: Street Gangs and Youth Groups in the United States and Europe.

Kleinberg, B., & McFarlane, P., 2020, Violent music vs violence and music: Drill rap and violent crime in London, https://arxiv.org/pdf/2004.04598

Kontos, L. & Brotherton, D.C., 2008, Encyclopedia of Gangs, Greenwood Press, USA.

Kriminalvårdare åtalsanmäld – läckte hemlig information till häktade, Dagens Juridik, 2023, https://www.dagensjuridik.se/nyheter/kriminalvardare-atalsanmald-lackte-hemlig-information-till-haktade/

"Kriminella gäng rekryterar när skolan sparar", 2024, Vi Lärare, https://www.vilarare.se/nyheter/vi-larare-debatt/brev-till-skolministern-kriminella-gang-rekryterar-nar-skolan-sparar/

Krisinformation.se, 2024, https://www.krisinformation.se/detta-kan-handa/handelser-och-storningar/2023/gangvald/rekrytering-till-kriminella-gang

Kurenmaa, Tero: Järjestäytynyt rikollisuus ja vankilat. Lakimies 6/2006. Järjestäytyneeseen rikollisuuteen kiinnittymisen ehkäisyn toimenpidelinjaukset 2018.

Larmrapporten: Kriminella gäng infiltrerar svensk fotboll, Fotboll STHLM, 2023, https://fotbollsthlm.se/nyhet/rapporten-kriminella-gang-infiltrerar-svensk-fotboll/

Läckte hemliga uppgifter till gäng – nu faller domen, Aftonbladet, 2023, https://www.aftonbladet.se/nyheter/a/y6qvoA/domstolsanstalld-doms-for-ganglacka

Lärarna möter allt fler gängkriminella i skolan, 2022, Vi Lärare, https://www.vilarare.se/nyheter/vald-i-skolan/lararna-moter-allt-fler-gangkriminella-i-skolan/

Mantaqa-jengi uhka vankiloiden turvallisuudelle – monikulttuurinen rikollisryhmä on erittäin viranomaisvastainen: "Aggressiivisuus on ennennäkemätöntä", 2021, mtvuutiset.fi

McWhorter, J., 2004, The Story of Human Language, The Teaching Company Limited Partnership

Metcalf, J., 2009, From Rage to Rap and Prison to Print: Social, Cultural and Commercial Contexts in the Emergence of Gang Memoirs, https://journals.openedition.org/ejas/7651

Million-dollar teeth grill worn by Katy Perry is confirmed as most valuable ever, 2018, Guinness World Records, https://www.guinnessworldrecords.com/news/2018/2/million-dollar-teeth-grill-worn-by-katy-perry-is-confirmed-as-most-valuable-ever-512299yndighetsgemensam lägesbild - Organiserad brottslighet 2023 https://cve.se/publikationer/myndighetsgemensamlagesbildorganiseradbrottslighet2023.5.50aefefc1884c4074a4b6ecf.html

Ny dödslista efter splittringen i Foxtrotnätverket – Rawa Majid står som måltavla, 2023, SVT, https://www.svt.se/nyheter/inrikes/ny-dodslista-efter-splittringen-i-foxtrotnatverket-rawa-majid-stor-som-maltavla

Polischef om våldsvågen: Vi kan inte skydda alla anhöriga, 2023, SVT, https://sverigesradio.se/artikel/polischef-om-valdsvagen-vi-kan-inte-skydda-alla-anhoriga

Polisen: 14 000 är aktiva gängkriminella, SVT, 2024, https://www.svt.se/nyheter/inrikes/gunnar-strommer-m-och-rikspolischefen-haller-presstraff

Polisen: Så infiltrerar klanernas mullvadar samhället, 2020, https://www.aftonbladet.se/nyheter/a/qAnQWO/polisen-sa-infiltrerar-klanernas-mullvadar-samhallet

Poliisi, 2023, Katujengien rikollisuus Miten poliisi määrittelee katujengin? https://poliisi.fi/katujengien-rikollisuus

Poliisin katujengitilannekuva edistää katujengirikollisuuden torjuntaa, 2024, https://rikoksentorjunta.fi/-/haaste-1-24-poliisin-katujengitilannekuva-edistaa-katujengirikollisuuden-torjuntaa

Polis tipsades om dåd dagar innan mordet: "Räckte inte för att förhindra" , 2024, Omni, https://omni.se/polisen-tipsades-om-dad-dagar-innan-mordet-rackte-inte-for-att-forhindra/a/xgK4vQ

Pussinen, O., & Rebaz, T,. 2023, Aseen tunnistaminen, turvalliseksi tekeminen ja kuljettaminen poliisin työssä. https://www.theseus.fi/handle/10024/806845

Pynnönen, K. & Mäkinen, V., 2023, Katujengien erityispiirteet Kirjallisuuskatsaus katujengien erityispiirteisiin Suomessa sekä ulkomailla https://www.theseus.fi/handle/10024/803743

Ring, J., Shannon, D., 2023, Socioekonomisk bakgrund och brott, En kunskapsöversikt Rapport 2023/3, Brottsförebyggande rådet, https://bra.se/publikationer/arkiv/publikationer/2023-03-01-socioekonomisk-bakgrund-och-brott.html

Rostami, A., & Mondani, H., 2024, Kriminella entreprenörer – en studie av den organiserade brottslighetens kopplingar till näringslivet, Stockholms Handelskammare
Rostami, A., 2013, Tusen fiender - en studie om de svenska gatugängen oss dess ledare. Linnéuniversitetet, Växjö.
Ruotsin haasteelliset alueet:
https://polisen.se/om-polisen/polisens-arbete/utsatta-omraden/

Russell-Brown,K., 2004, Underground Codes : Race, Crime and Related Fires, New York University Press.

Salihu, D., 2021, Tills alla dör. Stockholm: Mondial.

Selvitykset: Suuri osa Suomessa toimivasta järjestäytyneestä rikollisuudesta ei paljastu https://polamk.fi/-/selvitykset-suuri-osa-suomessa-toimivasta-jarjestaytyneesta-rikollisuudesta-ei-paljastu

Struyk, R., 2006, Gangs in Our Schools: Identifying Gang Indicators in Our School Population, The Clearing House: A Journal of Educational Strategies, Issues and Ideas, 80:1, 11-13.

Sutherland, E., Cressy, D. & Luckenbill, D. (1992) Principles Of Criminology. 11th ed. Philadelphia: Lippincott.

Svenska gäng infiltrerar hälsovården och företag – liknas vid italienska maffian, Svenska Yle, 2023, https://svenska.yle.fi/a/7-10042777

Svenskar inför rätta i Finland, 2023, SVT, https://www.svt.se/nyheter/snabbkollen/svenskar-infor-ratta-i-finland--p2y4vb

Sveriges radio P4, 2023, Polischef om våldsvågen: "Vi kan inte skydda alla anhöriga"https://sverigesradio.se/artikel/polischef-om-valdsvagen-vi-kan-inte-skydda-alla-anhoriga

Syyttäjä: Dödspatrullen-jengi perusti Suomeen huumeiden myyntiosaston ja sai miljoonia – kuudelle vaaditaan 13 vuotta vankeutta, Yle, 2023, https://yle.fi/a/74-20060525

The Global History of the Bandana How an Indian export became part of the fabric of American life, 2020, https://www.smithsonianmag.com/innovation/global-history-bandana-180976040/

The Metropolitan Police, Music videos removed from YouTube since September 2020, 2024, https://www.met.police.uk/foi-ai/metropolitan-police/d/february-2022/music-videos-removed-from-youtube-september2020/
Tollin, K. et.al., 2023, Barn och unga i kriminella nätverk En studie av inträde, brott, villkor och utträde, Brottsförebyggande rådet.

Totalt 62 000 bedöms aktiva eller ha koppling till kriminella nätverk, Polisen, 2024, https://polisen.se/aktuellt/nyheter/nationell/2024/februari/totalt-62-000-bedoms-aktiva-eller-ha-koppling-till-kriminella-natverk/

Trasher, F. M. 2013. The Gang. A study of 1,313 gangs in Chicago. Toinen painos. E-kirja. Chicago: The University of Chigaco Press.

Tre personer åtalas för inblandning i mordet på gängledaren Ismail Abdos mamma, 2024, SVT, https://www.svt.se/nyheter/lokalt/uppsala/risk-for-hamnd-nar-misstankta-for-brillingemordet-blir-offentliga-fem-personer-atalas

Tucker, B., 2013, Musical Violence Gangsta Rap and Politics in Sierra Leone, Nordiska Afrikainstitutet, Uppsala.

Tvan Gemert, F., Peterson, D., Lien, I-L., 2008, Street Gangs, Migration and Ethnicity, Routledge.

Tällainen on Vuosaaren epäilty katujengi: väkivaltaista velkojen perintää, ammuskelua ja todistajien uhkailua, 2023, Ye, https://yle.fi/a/74-20031142

Täällä sijaitsivat Dödspatrullen-huumekoplan asunnot – epäillyt ajelivat luksusautoilla, Yle, 2023, https://yle.fi/a/74-20060639

U.K. Ending Gang and Youth Violence A Cross-Government Report including further evidence and good practice case studies https://assets.publishing.service.gov.uk/media/5a79e1d1e5274a684690cc73/gang-violence-detailreport.pdf

Unearthing the business cards of Chicago gangs, 2019, https://www.huckmag.com/article/unearthing-the-old-business-cards-of-chicago-gangs#:~:text=UNEARTHING%20THE%20OLD%20BUSINESS%20CARDS%20OF%20CHICAGO%20GANGS

Uppgifter: Elever saknas – familjer flyr Uppsala, 2023, Expressen,
https://www.expressen.se/nyheter/uppgifter-elever-saknas-familjer-flyr-uppsala--/

Uppgifter: Mordhotad flydde till Nordafrika, 2023, Aftonbladet,
https://www.aftonbladet.se/nyheter/a/eJxr3Q/uppgifter-rappare-kopplad-till-dalennatverket-pa-flykt-i-nordafrika

Uppgifter: Tre från Dödspatrullen gripna – misstänks för brott i Finland, 2023, Aftonbladet,
https://www.aftonbladet.se/nyheter/a/zEeVer/uppgifter-tre-fran-dodspatrullen-gripna-misstanks-for-brott-i-finland

Vanginvartijat kohtaavat työssään uhkailua, sylkemistä ja potkimista – ilmoitusten määrä lisääntynyt merkittävästi, 2022, Iltalehti, https://www.iltalehti.fi/kotimaa/a/bfc9d8d8-1371-489d-9cd7-9285bf70d6a7

Vuosaaren katujengin johtohahmolle kahdeksan vuotta vankeutta – käräjäoikeus antoi tuomion laajassa rikosjutussa, Yle, 2023. https://yle.fi/a/74-20039129

Vårdkedja för ungdomar eller professionella? En processutvärdering av projektet "Motverka våld och gäng", 2009, https://www.diva-portal.org/smash/get/diva2:291355/FULLTEXT01.pdf

Wolseth, J., 2011, Jesus and the Gang : Youth Violence and Christianity in Urban Honduras, University of Arizona Press.

Woods, O., 2022, From roadman to royalties: Inter-representational value and the hypercapitalist impulses of grime, Crime, Media, Culture, 18(3), 412-429.

Woldu, G. H., 2008, The Words and Music of Ice Cube, ABC-CLIO, LLC.

Quinn, E., 2024, https://journals.sagepub.com/doi/full/10.1177/03063968241234539

Yubitsume: ritualistic self-amputation of proximal digits among the Yakuza, 2014, National Library of Medicine, https://www.ncbi.nlm.nih.gov/pmc/articles/PMC4009169/

Kuvat
Kaikki kuvat (ellei erikseen mainittu) Passionat Press toimitus AI promptit.
Kaikkien kuvien oikeudet pidätetään.

Rikolliset
JENGIT
katujengit